T0290417

Editorial Gustavo Gili, SL

Rosselló, 87-89, 08029 Barcelona, España. Tel. 93 322 81 61
Valle de Bravo 21, 53050 Naucalpan, México. Tel. 55 60 60 11
Praceta Notícias da Amadora N° 4-B, 2700-606 Amadora, Portugal. Tel. 21 491 09 36

Sendas oníricas de Singapur

Retrato de una metrópolis potemkin ... o treinta años de tabla rasa

Rem Koolhaas

Traducción de
Jorge Sainz

GG®

Título original: "Singapore songlines.
Portrait of a Potemkin metropolis… or
thirty years of tabula rasa", publicado
originalmente en Koolhaas, Rem y
Mau, Bruce, *S, M, L, XL,* The Monacelli
Press, Nueva York, 1995, págs. 1008-
1089.

Diseño: Cibrán Rico López y Jesús
Vázquez Gómez para desescribir

Printed in Spain
ISBN: 978-84-252-2392-1
Depósito legal: B. 39.921-2010
Impresión: litosplai, sa,
Les Franqueses del Vallès (Barcelona)

Índice

Desde mediados de la década de 1980 hasta mediados de la de 1990 esperaba escribir un libro titulado *The contemporary city.* Tras examinar la "vieja" Nueva York, quería estudiar nuevas ciudades, ciudades sin "historia", como Atlanta. En 1995 empecé a impartir clases en la Harvard University. Yo quería que mi programa se titulase "Centro para el estudio de (lo que solía ser) la ciudad", pero la dirección pensaba que era demasiado radical. Mi unidad fue "re-etiquetada" simplemente como "Proyecto sobre la ciudad". Con mis estudiantes como investigadores, examinamos el delta del río Perla y la ciudad de Lagos, una secuencia que concluyó, de momento, con los libros *The great leap forward* [1] y *The Harvard Design School guide to shopping,* [2] y los artículos "La ciudad genérica" y "Espacio basura". [3]

Son documentos que forman una serie e interpretan esas drásticas transformaciones de la globalización que han barrido, al parecer para siempre, el repertorio clásico de los arquetipos que habían definido nuestra idea de la ciudad: calles, bulevares, plazas, así como las reglas mediante las cuales se conectaban y los patrones por los cuales podían organizarse según la costumbre. Al actuar casi como antropólogos, queríamos considerar los nuevos dispositivos que habían desplazado a todo lo anterior y desarrollar un entramado dentro del cual se pudiese describir y entender esta nueva trama urbana. En Harvard quería estudiar en particular el declive de la influencia occidental en la formulación de la ciudad, así como empezar a establecer hipótesis sobre la naturaleza de las modernidades no occidentales que estaban surgiendo en África, el mundo árabe y Asia, y que obviamente iban a definir este nuevo siglo.

Europa y Estados Unidos elaboraron manifiestos creativos sobre la ciudad moderna mientras sus ciudades duplicaban su tamaño entre 1900 y 1980. La vertiginosa expansión de la ciudad moderna en Asia y África —a un ritmo tres veces más rápido que en Occidente— empezó en el momento en que "nosotros" dejamos de reflexionar acerca de la ciudad.

Como nuestro esfuerzo en ese "Proyecto sobre la ciudad" coincidió con el agotamiento de la "novedad" en el mundo occidental y su explosión en el oriental, estaba claro que, en cuanto a la conceptualización y la fabricación de la ciudad, "nosotros" ya no estábamos al mando. El hecho de que esta aceleración tuviese lugar en sistemas políticos diferentes a nuestra democracia —la condición que "nosotros" seguimos considerando esencial para la generación de la *civitas*— significaba que las ciudades se estaban desplegando "fuera de nuestro alcance", en un territorio político desconocido.

Por tanto, el texto que sigue constituye también una indagación en un sistema político diferente de lo que Europa entiende como "natural". El ensayo investiga las consecuencias de este sistema en la ciudad que surge de él.

Como portador de este doble mensaje —la muerte del repertorio urbano y la génesis no democrática— no esperaba tener una acogida particularmente buena, pero me ha sorprendido hasta qué punto la "comunidad arquitectónica" ha preferido, en general, considerar estas indagaciones analíticas —y claramente críticas— como un respaldo a toda esa operación.

La serie en su conjunto —pero este texto en particular— es un inventario de todos los ingredientes tal vez ligeramente crueles (la artificialidad, la vivienda en serie, la no democracia, el estatismo y la manipulación cultural y racial) que previsiblemente atentan contra nuestros valores más apreciados (y sentimentales). El texto sugiere que, de hecho, incluso una ciudad recién fraguada como Singapur tiene una historia, que su artificialidad no es estéril —en realidad, es un estilo, lo genérico, que puede contar con un enorme apoyo— y que en el ínterin cada vez más aspectos de la artificialidad de Singapur han ido entrando en la ecología de "nuestras" ciudades: desde la plantación por doquier de césped y arbustos hasta las condiciones de impecable limpieza y control obsesivo en ciudades como París o Londres.

A partir de ahí, *Sendas oníricas* sugiere que la ciudad estado es una especie de laboratorio semántico donde algunas cuestiones desconcertantes que definen nuestra era (como la coexistencia racial) se pusieron a prueba antes de convertirse en enormes crisis o callejones sin salida en nuestro continente. Los experimentos realizados en Singapur veinte años atrás no son tan diferentes de los que se están llevando a cabo en la Europa contemporánea: en la educación extraescolar de apoyo, la medicina y las relaciones raciales. Puede que seamos menos diferentes de Singapur de lo que esperábamos.

Desde luego, resulta curiosamente paradójico que Singapur haya sobrevivido al menosprecio occidental y que actualmente sea uno de los destinos más populares entre empresas y expatriados atraídos por la ausencia de corrupción y la relativa solidez del imperio de la ley con las que allí cuentan.

Sendas oníricas fue mi último retrato de una ciudad real y existente. De hecho, fue en Singapur, agotado por los pormenores de la investigación, donde entendí de pronto que estaba empezando a captar la esencia no sólo de esa ciudad, sino de cualquier ciudad nueva; y allí escribí, febrilmente, el primer borrador de "La ciudad genérica", una versión ligeramente disfrazada, abstraída y generalizada de Singapur.

Cuando se escribió este texto parecía que Singapur iba a ser el patrón para el desarrollo de China, pero eso resultó ser una vana ilusión; lo que llegó a ser, hasta cierto punto, fue el anteproyecto de nuestro propio entorno: muchos de sus temas nos acechan ahora en nuestra misma puerta.

Rem Koolhaas
Marzo de 2010

Sendas oníricas de Singapur

Retrato de una metrópolis potemkin
... o treinta años de tabla rasa

Rem Koolhaas
1995

3 *Feng shui:* antigua creencia china de que el cliente seguirá prosperando si permanece en su lugar original...

Queremos guiar las excavadoras a los sitios adecuados.
– Plan Verde de Singapur

Singapur es un lugar muy pequeño en un mundo muy, muy grande, variable y cambiante; y si no espabila, si no se apresura a hacer ajustes, perecerá; y la gente lo sabe.
– Lee Kuan Yew, *Straits Times,* 27 de mayo de 1990

Cumplí los ocho años en el puerto de Singapur. No desembarcamos, pero recuerdo el olor: dulzor y putrefacción, ambos embriagadores.

El año pasado volví a ir. El olor había desaparecido. De hecho, Singapur había desaparecido: arrasado, reconstruido. Lo que había allí era una ciudad completamente nueva.

Casi todo Singapur tiene menos de treinta años de antigüedad; la ciudad representa la producción ideológica de las tres últimas décadas en su forma pura, no contaminada por restos contextuales supervivientes. Singapur está dirigida por un régimen que ha excluido lo casual y lo aleatorio: incluso su naturaleza está completamente rehecha. Se trata de algo plenamente intencionado: si hay caos, es un caos *de autor;* si algo es feo, es una fealdad *diseñada;* si algo es absurdo, es una absurdidad *deseada.* Singapur representa una singular *ecología de lo contemporáneo.*

Al igual que otras situaciones novedosas similares, se ha recibido con desdén. A medida que la noción de Occidente se va debilitando cada vez más, "nosotros" siempre conservaremos la posesión de nuestra arma definitiva: el poder de la ironía. Una cantidad desproporcionada de tal ironía apunta a esta mini Esparta territorialmente insignificante: William Gibson la llama "Disneylandia con pena de muerte";[4] Deyan Sudjic, "ciudad virtual".[5]

Nuestro rechazo a leer Singapur en sus propios términos resulta frívolo; nuestras reflexiones más sofisticadas acerca de la condición contemporánea de la ciudad están completamente desconectadas de lo operativo; nuestra incapacidad para "hacer" la ciudad se ha interiorizado hasta el punto de que cualquier prueba de su fabricación es, por definición, sospechosa e increíble. Singapur es un paroxismo de lo operativo y, *por tanto,* resulta inaccesible para nuestra imaginación e interpretación.

Singapur es increíblemente "occidental" para ser una ciudad asiática: es la víctima aparente de un proceso de modernización fuera de control. La tentación es dejarla como uno de esos interrogantes fatídicos, en un último y pequeño espasmo cortés de colonialismo, para que se quede así, simplemente porque son *asiáticos,* o chinos.

Esta visión es un malentendido eurocéntrico. Lo "occidental" ya no es un ámbito exclusivamente nuestro; salvo, tal vez, en sus regiones de origen, ahora representa una condición a la que se aspira universalmente. Ya no es algo que "nosotros" hemos desencadenado, ni algo cuyas consecuencias, por tanto, tenemos derecho a deplorar; es un proceso autoadministrado que,

2

1

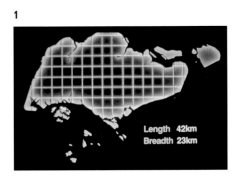

Length 42km
Breadth 23km

1 Una isla en constante crecimiento
2 La creación de un solo hombre: Lee Kuan Yew

en nombre de diversos sentimentalismos, no tenemos el derecho de negar a aquellos "otros" que desde hace tiempo lo han hecho suyo. Como mucho, somos como unos padres muertos que deploran el desbarajuste que nuestros hijos han hecho con su herencia.

Singapur es una isla en constante crecimiento, situada 1° 17' al norte del ecuador, en el punto de paso más importante entre los océanos Índico y Pacífico. Tiene 650 km²; su costa mide 140 km, 20 menos que el Muro de Berlín. Tiene un "singular carácter multiétnico":[6] 75 % chino, 15 % malayo y 9 % indio. Es la creación de un solo hombre: Lee Kuan Yew. Como tal isla —su territorio es conocido— está dotada de los elementos indispensables para la construcción de una mitología: es pequeña, está amenazada, tiene que protegerse, es finita —un enclave— y es única.

Singapur puede resultar extraña. Hace cinco años, en 1990, quedó claro que la curva ascendente del turismo iba a cortarse con el gráfico descendente de la presencia histórica: en las prisas del desarrollo, la historia había quedado casi completamente borrada. En el sitio exacto que había sido conocido, en el pasado ahora blanqueado, por su amplia y variada oferta sexual (el esplendor de sus travestis), el Estado promovió Bugis, una flamante intersección de dos calles "tradicionales" enmarcada

1 *Mujeres* que imitan a mujeres **2** Una flamante intersección **3** La tradicional vida callejera, resucitada **4** En la sala de control: ampliar la imagen de cada mesa, observar cada puesto **5** Puestos conectados por lavavajillas **6, 7** Variedad sistemática

por *shophouses* chinas completamente nuevas. Una de las calles fue declarada "mercado" y la otra alberga una sistemática variedad de restaurantes. En los pisos superiores hay clubes, uno de los cuales (el Boom Boom Club) anticipa discretamente la posible resurrección de los travestis en forma de *mujeres* que imitan a mujeres.

La manzana es hipermoderna. Los puestos de comida, aparentemente independientes, están conectados por una única y enorme cinta trasportadora lavavajillas; en nuestra primera visita nos invitan a la sala de control, una pared de monitores conectados a cámaras ocultas que permite a los vigilantes ampliar la imagen de cada mesa y observar cada operación en todos y cada uno de los puestos.

Nos lo enseñan con orgullo, no con vergüenza.

Ellos piensan que no habrá delito alguno.

Nosotros pensamos que no puede haber placer alguno.

Singapur claramente no es libre, pero al mismo tiempo resulta difícil identificar con precisión *qué* es lo que no es libre, cómo y dónde se produce la represión, en qué medida su campo magnético —la insólita cohesión de sus habitantes— es algo impuesto o, de un modo más ambiguo, el resultado de un "pacto", un interés considerado común: libertades recortadas a cambio de los

4

6, 7

5

ilimitados beneficios de una montaña rusa de desarrollo que, en treinta años, no ha hecho más que subir.

Singapur destaca como una alternativa sumamente eficaz en un paisaje de pesimismo casi universal acerca de un futuro realizable, un relevante mundo optimista de ambiciones claramente definidas y estrategias a largo plazo, una firme determinación de evitar los desechos y el caos que deja en otros lugares la estela de la democracia.

La familia como pieza básica de la sociedad

El siguiente asalto de la tensión entre Oriente y Occidente se librará en torno a esta cuestión: si la democracia promueve o socava la estabilidad social, si la libertad de expresión compensa la basura cultural que también produce y si la salud de una colectividad importa más que la libertad sin límites de cada individuo. Para Occidente, este autoritarismo parece una aberración transitoria, una desviación de la norma; sin embargo, es más probable que en Singapur se esté sintetizando una nueva denominación: una incondicional desvergüenza confuciana, una especie de poder supremo de la eficacia que alimentará la modernización asiática. "Esa visión estadounidense de que a través del debate, a través de la disparidad de ideas e ideales, se logra el buen gobierno y se alcanza una economía sana... no se comparte en Asia".[7] Singapur se ha desarrollado a su manera. "La tenaz vitalidad del confucianismo radica en su combinación de la escoria del feudalismo con la flor y nata de la democracia".[8]

1

Singapur parece un crisol que produce insipidez y esterilidad a partir de los ingredientes más prometedores. He tratado de descifrar su alquimia inversa, comprender su genealogía, hacer un *proyecto genoma* arquitectónico y recrear sus sendas oníricas arquitectónicas.

Un análisis de Singapur es también, inevitablemente, un primer plano de mediados de la década de 1960 que revela unas urgencias demográficas incuestionables: esa brutal evidencia de los números que, en todos los continentes, mostraban la abrumadora necesidad de construir cantidades sin precedentes de trama urbana y ofrecían argumentos convincentes para esa disciplina del urbanismo y esa idea de la renovación urbana que se habían desmoronado completamente en los treinta años anteriores (o bien habían sido satisfactoriamente reprimidas).

Parece como si, de todo el mundo, sólo Singapur prestase atención a estas alarmas para afrontarlas y elaborar una solución. Singapur es la apoteosis de la renovación urbana, una respuesta edificada para pasar del campo a la ciudad que se concibió, treinta años atrás, para forzar a Asia a construir en veinte años la misma cantidad de trama urbana que construyó toda Europa occidental.

Al desenterrar su flamante arqueología, la pregunta más desconcertante es: ¿dónde están sepultadas todas esas urgencias?

2

La nación antes que la comunidad, y la sociedad por encima del individuo

En 1959, se concede el autogobierno a la colonia británica de Singapur. Las primeras elecciones generales aúpan al poder a Lee Kuan Yew, con su Partido de Acción Popular (en inglés People's Action Party o PAP, subliminalmente próximo a ¿PAPÁ?). Richard Nixon describe a Lee Kuan Yew como un Churchill asiático: "De izquierdas en sus palabras y de derechas en sus pasos";[9] a sus 35 años, Lee Kuan Yew ya tiene en su haber toda una serie de identidades, más tarde consolidadas bajo el paraguas ideológico del neoconfucianismo.

La isla que Lee Kuan Yew y su partido heredan tras 140 años de dominio británico es un desbarajuste: pedazos de un elegante enclave colonial (había sido colonizado en 1819 por sir Stamford Raffles), bases militares destartaladas, un puerto incrustado en un barrio chino superpoblado con un descuidado territorio interior de marismas, selva y cultivos menores, cubierto en gran parte por campamentos ilegales.

"Durante la década de 1950, todos los visitantes quedaban admirados por la extrema precariedad de las condiciones de vida, la miseria de la inmensa mayoría de los habitantes. [...] Es más, esas condiciones empeoraban constantemente: una demografía galopante, la tuberculosis omnipresente, el paro en aumento, el hacinamiento en viviendas inhabitables, y todo ello, con el trasfondo del estancamiento económico..."[10]

5

1

4

2

3

Después de 140 años de dominio británico **1** Un barrio chino superpoblado **2** Pedazos de un elegante enclave colonial **3** Un descuidado territorio interior **4** Desbarajuste **5** El puerto **6** La isla "desnaturalizada": primeros polígonos industriales **7** Fábricas de varias plantas **8** Nuevas instalaciones portuarias

La propia gravedad de la situación —sus ingredientes poco prometedores— proporciona la apoyatura para el programa de la incipiente ciudad estado en la forma de una crisis innegable. "Los rasgos generales del sistema ideológico del PAP se desarrollan a partir de una preocupación central: [...] la supervivencia como nación insular independiente. La supervivencia ha sido el centro estructurador y racionalizador de la política mediante la cual Singapur [se ha] regido desde que obtuvo el derecho de autogobierno en 1959. [...] El resultado fue —y sigue siendo— una ideología que encarna una vigorosa orientación *desarrollista* que pone énfasis en la ciencia, la tecnología y la administración pública centralizada como base fundamental de un programa de industrialización orientado a la exportación, financiado en gran parte por capital multinacional".[11]

Para Lee Kuan Yew, aconsejado por pensadores/futurólogos occidentales del calibre de Herman Kahn *(Los próximos 200 años)*[12] y Alvin Toffler *(El "shock" del futuro)*,[13] el período poscolonial es en *todos* los sentidos un nuevo comienzo, una contundente sobredosis de novedad. Con un celo sin parangón,

6

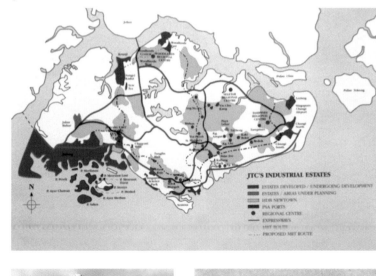

7

8

el régimen de Lee Kuan Yew se embarca en una campaña de modernización.

Inmediatamente, una parte considerable de la isla se "desnaturaliza" para convertirse en una plataforma para la industria; en Jurong, en el sureste, se inician los preparativos para una gigantesca ciudad industrial de fábricas "de pisos" (de varias plantas) comunicadas con unas nuevas e inmensas instalaciones portuarias.[14]

En 1960 se crea un organismo encargado de la vivienda y el urbanismo: el Housing and Development Board (HDB), que será el principal vehículo para llevar a cabo la futura reforma de Singapur. Al cabo de unos meses comienza la construcción de Queenstown (160.000 habitantes) en terreno "virgen" (liberado de ocupantes ilegales) y fuera del centro: colosales acumulaciones de bloques aparentemente sin cualidades arquitectónicas, con terrazas continuas como única concesión al carácter tropical, se alzan en formación militarista (con una incomprensible excepción ocasional, llamativa como un soldado desmayado). Impasibles, estos bloques rodean las zonas comunitarias que desesperadamente tratan de cumplir con esas olvidadas obligaciones semánticas del *interés* y la *vida:* centros comerciales, campos de juegos y lugares de culto.

Queenstown "refleja la política del [...] llamado '*entorno total*'. [...] Un centro comercial [...] para cada barriada. [...] Un

2

1

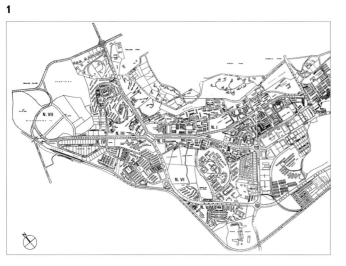

centro urbano con cines, un emporio comercial, restaurantes, un club nocturno, un jardín japonés. [...] Un polideportivo está en construcción en la barriada VI. [...] Las zonas centrales y los espacios abiertos que rodean los bloques de viviendas se han ajardinado. [...] Los bloques en altura [...] están situados cerca de los colegios e institutos. [...] Un servicio de autobuses regular y eficiente cruza todo el barrio. [...] Ya resulta evidente una vigorosa atmósfera social. [...] Puede decirse que Queenstown ha sido 'habitada' ".[15]

Años más tarde, en 1985, el HDB reconoce que "en la primera etapa del desarrollo de la vivienda pública, la urgencia de encontrar una solución al problema de la escasez de vivienda en Singapur no dejó tiempo para la investigación. Lo que prevaleció fue el pragmatismo".[16]

En la medida en que ese pragmatismo tiene cierta imagen, el conjunto es utilitario, anglosajón: los bloques son emblemas puramente cuantitativos; la modernidad, despojada de ideología, como las conocidas viviendas inglesas de protección oficial. Si la transición desde los barrios degradados a las viviendas de protección oficial inglesas fue traumática, el salto desde la *shophouse* china —un tipo de edificio que reúne un almacén, una fábrica y los espacios vivideros familiares en un solo bloque alrededor de un patio— a los contenedores en altura de Singapur es todavía más despiadado, no sólo en cuanto a su

3

4

5

1 El plan de Queenstown
2 Colosales acumulaciones de bloques
3 Antes y después: cuartos de estar
4 Antes y después: cocinas
5 El "centro de la ciudad", rodeado de bloques

diferencia material —de lo asiático a lo occidental—, sino porque los nuevos habitantes —aislados de las redes conjuntivas de las relaciones familiares, la tradición y las costumbres— se ven sumidos repentinamente en otra civilización: el bloque entendido como máquina del tiempo.

Armonía racial y religiosa

Una segunda *new town,* Toa Payoh, se promueve para 1966. "Construida sobre unas tierras prácticamente vírgenes, el conjunto de la ciudad se concibió en su totalidad: el sistema viario, los recintos vecinales, el centro urbano y comercial, complejos deportivos y un parque urbano".[17]

A mediados de la década de 1960, tal confianza es habitual. Lo que resulta insólito en Singapur es la escala de la operación (esta vez una ciudad para 180.000 habitantes), acometida por un Estado frágil e incipiente. Pero de nuevo, la empresa no es perfecta. "A partir del plan de uso del suelo de la *new town* de Toa Payoh, se puede detectar fácilmente que el HDB todavía estaba pasando apuros en su investigación, [...] lo que se evidencia en la distribución irregular de los servicios públicos".[18] Y así prosigue una carrera muy reñida entre una producción convulsiva y una naciente conciencia burocrática de que hay "espacio para la mejora".

Vistas de Toa Payoh

En este clima hercúleo, pero conceptualmente inarticulado, se produce la visita, en 1963, de una delegación de la Organización de las Naciones Unidas.

Tres expertos —el estadounidense Charles Abrams, el japonés Susumu Kobe y el por entonces apátrida, pero anteriormente alemán, Otto Koenigsberger— preparan un informe para el gobierno de Singapur y lo titulan, a modo de manifiesto, "Growth and urban renewal in Singapore". El encargo de esta delegación es "el desarrollo general de la isla [...] con el objetivo específico de recomendar la estrategia correcta para la renovación urbana".

El informe era, y sigue siendo, "confidencial".

Cuando la delegación llega a Singapur, el concepto de *urban renewal* ("renovación urbana") hace poco que se ha acuñado. "*Urban renewal* es una expresión genérica, cuyo nombre e impulso tuvo su origen en 1949 en Estados Unidos".[19] Esta combinación de dos palabras aparentemente sencillas, *renovación y urbana* —música celestial para arquitectos y urbanistas—, contiene un margen de interpretación latente. ¿Se trata de una renovación *de lo antiguo* o *mediante lo nuevo*? ¿Desempeña papeles innegablemente "buenos" —erradicar la pobreza, las enfermedades y el hacinamiento— o es una forma despiadada de desestabilización?

Como explican los tres expertos: "Actualmente se suele considerar que los tres elementos indispensables de la renovación urbana son: 1, conservación; 2, rehabilitación; y 3, reconstrucción". Luego los autores exponen el dilema de Singapur (porque

Fantásticas, las familias son fantásticas

ya *era* claramente un dilema en 1964): "En vista de estos objetivos, la cuestión que debe afrontar y resolver un programa de renovación urbana es si se establece un compromiso con el mantenimiento de algunas de sus zonas o bien son arrasadas y se crea algo nuevo en su lugar. *Recomendamos establecer el compromiso de identificar los valores de algunas de las zonas existentes en Singapur, así como sus deficiencias, y construir y reforzar esos valores al tiempo que se planifica eliminar dichas deficiencias*".[20] Esta reflexión sobre la conservación, ¿es de boquilla o los expertos saben que sellarán el destino de la isla con las transformaciones que están a punto de poner en marcha?

En primer lugar, los autores identifican Singapur como "la primera ciudad asiática que se embarca en un programa de renovación urbana". Por si acaso no queda patente la radicalidad de esta ambición, aclaran: "Este programa no pretende ser un ejercicio de conservación o restauración, sino un audaz intento de modernizar y desarrollar el centro urbano como preparación para el papel que tendrá que desempeñar Singapur" (en ese momento viven en la isla 1.600.000 personas, 900.000 de ellas en Singapur capital).

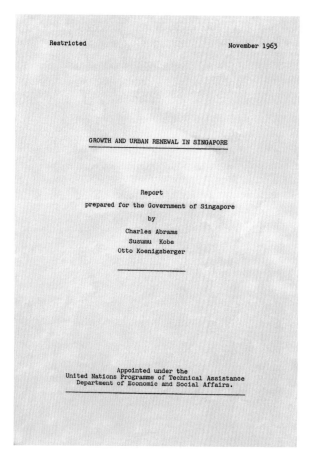

Confidencial: Informe de la ONU, noviembre de 1963

Para elevar las apuestas, los expertos de la ONU establecen en primer lugar la urgencia de la demografía: "Debemos estar preparados para alcanzar al menos los 3,4 millones de habitantes en 1982 *y contar con superar los cuatro millones bastante antes de 1990*".[21] Esto implica la construcción de cantidades astronómicas de nuevas viviendas cada año.

Responsabilidad social, enfoque social, destreza

Imperturbables, los autores continúan: "Debido a que Singapur es una ciudad en rápido crecimiento, necesitará más *nuevos* alojamientos que *re*-alojamientos, más *nueva* urbanización que *re*-urbanización. Por mucho que deseemos concentrarnos en la renovación urbana —lo que claramente implica la renovación del tejido urbano existente—, tendremos que construir cinco nuevas viviendas por cada una antigua que derribemos".

Para facilitar esta convulsión en camino, la delegación de la ONU ataca el plan general existente, revisado por última vez en 1955 por los británicos, aduciendo su falta de visión: "Se trata de un plan para una ciudad de tamaño medio con un territorio rural alrededor, no es un plan para una metrópolis".

Como cualquier plan general, escriben los urbanistas, supone la existencia de "una sociedad que es fundamentalmente conservadora en su actitud y prácticamente unánime en su consideración de *la conservación de los logros y las instituciones del pasado como objetivo principal de todo planeamiento*. [...] Se ha dicho a la delegación que Singapur necesita 'un plan más flexible [...] un enfoque más positivo' ".[22]

Lo que necesita la transformación de la isla es un manifiesto. En lugar del plan general, con sus procedimientos rígidos y su énfasis en controlar lo construido, los expertos de la ONU proponen "guiar, acelerar y coordinar el urbanismo público" bajo el paraguas de un *concepto rector* más desdibujado que

se descompondrá en *programas de acción*[23] "exhaustivos en la
medida en que deberían abordar *todos* los aspectos de la vida
urbana: el empleo, el alojamiento, las comunicaciones, el tráfico,
la educación, la asistencia social, la formación de capital, el estímulo del ahorro, el desarrollo comunitario y las relaciones públicas", traducidos finalmente en "un mosaico de *mapas de acción*
que en última instancia cubrirán toda la isla".

Una vez definido el vehículo tripartito del planeamiento
—concepto rector, programa de acción y mapa de acción—, los
autores buscan objetivos: "El distrito financiero central está
flanqueado por zonas mixtas, comerciales y residenciales —las
shophouses chinas que forman la inmensa mayoría de la trama
de la ciudad—, de una densidad espectacularmente alta. El hacinamiento en las calles y los edificios alcanza proporciones conocidas en pocas ciudades del mundo. [...] Un informe anterior de
un experto de la ONU declaraba que era el momento propicio
para demoler y reconstruir algunos sectores importantes".

Probablemente conscientes de que están a punto de desen-
cadenar una burocracia de una omnipotencia casi comunista, los
expertos entienden que quedará atenuada y complementada por
la empresa privada: "Los estándares de rendimiento o los principios sociales son necesarios para asegurar un entorno urbano
saludable y placentero para todos los ciudadanos de Singapur
[...] sin reprimir la iniciativa de los promotores ni la inventiva de
los proyectistas".

Los autores extienden el alcance del concepto rector a la
totalidad de la isla: "El primer principio debería ser la acepta-
ción de Singapur isla y Singapur ciudad como una sola entidad.
Debemos entender la isla como un *conjunto urbano* que incluye

1

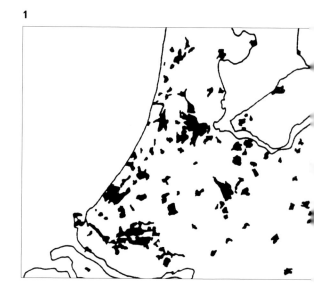

1 "Ciudad anillo", Holanda: formada
por Ámsterdam, Utrecht, Róterdam,
Delft, La Haya, Leiden y Haarlem (en
sentido horario desde el norte) rodea
el llamado "corazón verde". El vacío,
entendido como centro
2 Aplicación del modelo de la "ciudad
anillo" a la isla de Singapur (Informe de
la ONU)

espacios abiertos esenciales, y no tanto como una provincia o una región que contiene dos elementos distintos: una ciudad y su territorio interior rural".[24]

Luego, audazmente, los autores aplican —ex nihilo— el modelo holandés, "la idea de la ciudad anillo", en el lienzo urbanístico recién preparado: "Una cadena o un collar de asentamientos en torno a una zona central abierta se ha denominado una 'ciudad anillo'. La idea procede de Holanda, donde un grupo de ciudades importantes, que incluyen Ámsterdam, Haarlem, Utrecht, Delft, La Haya, Leiden, Dordrecht y Róterdam, forman un gran círculo alrededor de una extensión central de campo abierto. Esta constelación es fruto de fuerzas históricas más que de un planeamiento deliberado, pero se ha descubierto que dicha disposición tiene ventajas nada desdeñables con respecto a otras formas de conurbación. Cada ciudad del anillo ha seguido siendo una entidad compacta y completa, y ha conservado su carácter y su individualidad. Al mismo tiempo, los habitantes de cada ciudad pueden sacar provecho de los servicios ofrecidos por todas las demás, puesto que pueden llegar a ellas rápidamente por carreteras que atraviesan el campo abierto y no zonas urbanas densamente urbanizadas. De este modo, los habitantes del anillo disfrutan de las ventajas de vivir en una comunidad de tamaño pequeño o mediano (una baza importante en la educación de la gente joven) junto con las ventajas comerciales de una gran conurbación. Resulta significativo que las ocho ciudades holandesas que forman conjuntamente la "ciudad anillo" pueden arreglárselas con un solo aeródromo internacional situado en el espacio abierto central y, por tanto, fácilmente accesible para todas ellas".[25]

Hacia una ciudad tropical de la excelencia

2

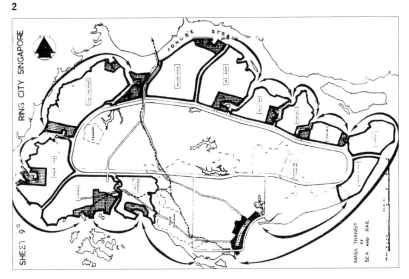

El lenguaje de los burócratas con frecuencia es aburrido: este informe no es una excepción. Lo que le otorga poder es nuestro *conocimiento retrospectivo de sus efectos.* El informe desencadena, legitima, exacerba, amplifica, fomenta y extrapola las ambiciones que el régimen no ha revelado hasta entonces de un modo tan explícito.

Los expertos de la ONU son los *souffleurs,* los instigadores de una revolución en la renovación urbana: su informe susurra algunos aspectos radicales adicionales y sugiere algunos pasos fáciles hacia la megalomanía (veinte años más tarde, su diagrama se hace realidad: en torno a una reserva central rehundida, la totalidad de la isla se transformó en una "nueva ciudad").

Tabla rasa

Con la autorización del informe de la ONU, la burocracia de Singapur da rienda suelta entonces a una empresa prometeica, limitada tan sólo por el tamaño de la isla. Tal empresa se concibe como la apoteosis de la tabla rasa: el plano arrasado como fundamento de un comienzo verdaderamente nuevo.

Todavía firmemente aislada en el subdesarrollo, los únicos recursos de Singapur son físicos: su tierra, su población y su situación geográfica. Al igual que la pobreza puede llevar a la prostitución, la transformación de Singapur se concibe una y otra vez a la manera de un trabajo *en el cuerpo de la propia isla.*

Gozar de una diversión espontánea

El plano arrasado como fundamento de un comienzo verdaderamente nuevo

Su territorio —su terreno— es su material más maleable: el
programa de vivienda y la visión de la ONU lo convierten en un
manifiesto infraestructural, un palimpsesto de la evolución política de Singapur. Al igual que los holandeses —quienes también
fabricaron su país—, Singapur se dedica a la venta y a la manipulación: una ideología, una población y una isla. Este proceso
se inicia inocentemente con las *new towns*, se acelera con el
informe de la ONU y se radicaliza con la independencia en 1965,
el comienzo oficial de la República de Singapur.

Algunas de las borraduras y transformaciones más drásticas
son invisibles. Una enmienda a la Ley de Adquisición de Tierras
aprobada por los británicos "otorgaba al gobierno el poder de
adquirir cualquier terreno que considerase necesario en interés
del desarrollo nacional, incluida la adquisición en nombre de promotores privados. [...] La tasa de compensación debía ser deter-
minada por el propio Estado. [...] Esta ley infringe claramente el
derecho consuetudinario relacionado con la propiedad".

Sin embargo, en el lenguaje del HBD, "La mayor parte de las
tierras privadas adquiridas comprendían propiedades ruinosas
o terrenos abandonados donde los ocupantes ilegales habían
proliferado rápidamente. [...] El gobierno no veía razón alguna
por la que estos propietarios tuviesen que beneficiarse de unos
precios del suelo considerablemente elevados [...] sin haber
hecho ningún esfuerzo por su parte".[26] De hecho, esa expropiación hace que *cualquier* propiedad sea provisional: el Estado
puede reclamar cualquier terreno por cualquier motivo (ciertos
solares han sido requisados dos, e incluso tres veces a lo largo
de los últimos treinta años). "Durante un periodo de poco más

1 1958: sección de la isla
de Singapur
2 1987: sección de la isla
de Singapur
3 1958: la isla de Singapur
4 1987: la isla de Singapur,
ampliada
5 "La expansión...
6 ... continuará..."

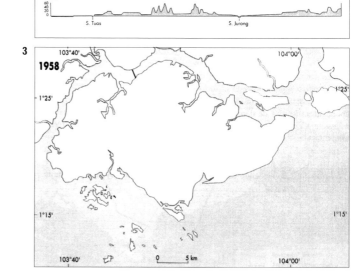

de veinte años, desde 1965 hasta 1988, se seleccionaron para su expropiación más de 1.200 solares y se desplazaron casi 270.000 familias, es decir, en torno a un tercio de la población del país".

Una prueba adicional de este cambio implacable es la creación de más *Lebensraum,* de más espacio vital. "En 1959, el tamaño total del país alcanzaba los 581 km². Todavía inalterado en 1965, desde entonces se ha incrementado sin cesar hasta llegar a los 626 km² en 1988. En 1991 probablemente sea superior a los 640 km². Según unas declaraciones del ministro de Desarrollo Nacional, la expansión continuará y Singapur alcanzará los 730 km² hacia el año 2000"[27] (un crecimiento del 25 % en 35 años, equivalente a incorporar a Estados Unidos la suma de los territorios de los estados de Texas, Georgia y California).

Esta ampliación se consigue mediante movimientos de tierras que alteran radicalmente la geografía de la isla: a medida que la línea de costa se expande, las colinas desaparecen.[28] Singapur se vuelve más grande, pero más plana, más abstracta (más tarde se compran islas enteras a Indonesia, que son engullidas y trasplantadas para reaparecer en el mapa como parte de Singapur).

La redistribución de los habitantes, que convierte toda la isla en un barrio chino modernizado y desmantelado, avanza también según el plan. "En 1959, menos de un 9 % de la población se alojaba en viviendas públicas; hacia 1974, casi el 43 % de la población vivía en pisos del HDB; y hacia 1989, la proporción era del 87 %, es decir, 2,3 millones de personas. Las veinte *new towns* que rodean el núcleo urbano original cubren 16.000 hectáreas: una cuarta parte del territorio nacional".[29]

Vamos, Singapur, seamos lo mejor que podamos

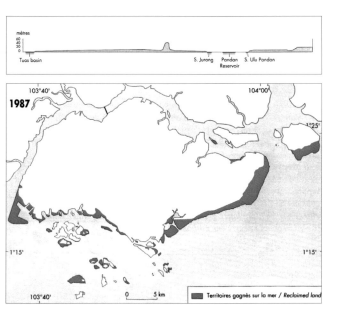

5

6

La agricultura se ve desplazada, reemplazada por las viviendas. Empujados hacia el mar, los agricultores se convierten en
piscicultores.

Las viviendas baratas de las *new towns* y la renovación urbana
en la ciudad antigua —o lo que queda de ella— forman "vasos
comunicantes". El descomunal volumen de nueva construcción
hace sitio a la destrucción de lo antiguo. De acuerdo con el plan
de renovación urbana emprendido por el gobierno en 1965, toda
la isla quedará cubierta de *new towns*, y la capital será renovada
hasta resultar irreconocible.

En Singapur, este momento (1965) representa un enfrenta-
miento entre el *hacer* y el *pensar,* ganado cómodamente por el
hacer. Los funcionarios —la burocracia de Singapur— son obse-
sivamente activos. Como los jinetes del Apocalipsis, no descan-
sarán hasta que toda la isla esté completamente arrasada, hasta
que resulte totalmente irreconocible.

Los funcionarios fuerzan a todos los demás, en especial a los
afectados por la necesidad de reflexionar (es decir, los intelec-
tuales de Singapur) a adoptar diferentes grados de pasividad o
complicidad más o menos humillante.

Sus jóvenes arquitectos —formados en Europa y Estados Unidos, e ideológicamente anclados aún en su fase tercermundista
o de país en vías de desarrollo— subestiman tanto la determinación como la capacidad del régimen, no se percatan de que
está teniendo lugar un milagro ante sus ojos, de que su escep-
ticismo de entonces les inhabilitará más tarde para participar
plenamente en todo lo que no sean las condiciones del régimen:
algo que ofende su sensibilidad de la década de 1960.

A mediados de la década de 1960, la cara más sombría de la
renovación urbana ya es bien conocida. El urbanismo de preguerra

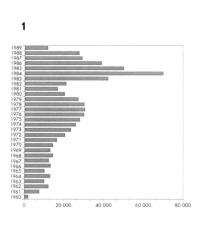

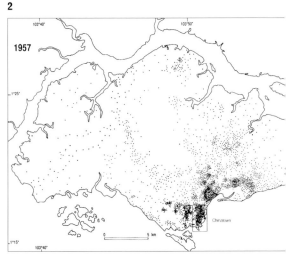

1 Número de viviendas construidas cada año
2 1958: distribución de la población
3 1980: distribución de la población

promulgado por los héroes modernos, que había dependido de la tabla rasa, había quedado desacreditado. La guerra había arrasado ciudades enteras, que se habían reconstruido desde cero con resultados desiguales: eran "impersonales". La eliminación de los barrios degradados en Estados Unidos resultaba cada vez más sospechosa debido a su incapacidad para transformar nada que no fuesen las condiciones físicas, lo que dejaba inalterada una cultura de la pobreza. Sin embargo, las ciudades asiáticas, descuidadas por unos regímenes coloniales en decadencia, tenían que prepararse entonces para una renovación masiva que tuviese en cuenta tanto a los habitantes urbanos que vivían en condiciones intolerables, como las invasiones procedentes del campo.

"El formidable incremento de la población urbana justifica claramente la advertencia de que, después de la cuestión del mantenimiento de la paz en el mundo, la planificación metropolitana es probablemente el problema más serio que afronta el ser humano en la segunda mitad del siglo xx", asegura la Organización Mundial de la Salud.[30] "En los próximos cuarenta años tendremos que reconstruir la totalidad del tejido urbano de Estados Unidos", afirma el presidente Lyndon Johnson.[31]

Considerando puramente sus cifras, la trama urbana existente en Singapur es insignificante en todos los sentidos. La tensión entre estas cantidades anticipadas y el cuidado de lo que existe es muy aguda.

Ser los primeros es lo natural

Se desarrolla un consenso evasivo: renovación urbana, pero sin tabla rasa; un nuevo comienzo, pero no desde cero. "No hay nada que cree menos urbanidad, nada que produzca menos mixtura cosmopolita que la renovación salvaje, que desplaza, destruye y reemplaza, en este orden mecanicista", escribe Fumihiko

3

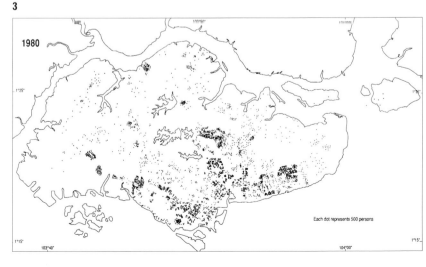

1980

Each dot represents 500 persons

Maki en 1964 en *Investigations in collective form,* un libro pequeño pero influyente que es una primera voz asiática en un debate hasta entonces casi exclusivamente occidental.[32]

Sin embargo, en Singapur es como si el diagnóstico de Maki se hubiese adoptado como lema: se convierte en el programa de la nueva república: *desplazar, destruir, reemplazar.*

En un delirio de transformación, la isla se convierte en una placa de Petri: gigantescas demoliciones, explanaciones, ampliaciones y expropiaciones crean unas condiciones de laboratorio para la importación de culturas sociales y arquitectónicas que pueden desarrollarse bajo protocolos experimentales sin la presencia de la trama anterior. Singapur se vuelve un banco de pruebas de la tabla rasa.

La transformación de *toda* la isla en nombre de una apocalíptica hipótesis demográfica presenta un aparente contraste con su pequeñez y su permanente escasez de terreno, lo que sugeriría una cuidadosa dosificación del territorio y la definición de ideales a largo plazo (los conceptos rectores) que pudieran ponerse en práctica paulatinamente. Pero la verdadera consecuencia de esta precipitación hercúlea es que, dado que la isla se considera alterable en su totalidad, ninguna versión es nunca definitiva. Tras la primera oleada de transformaciones, habrá más conversiones, nuevas destrucciones, una segunda oleada, una tercera...

2

1

1 En Singapur... 2 ... todas las perspectivas...
3 ... están cegadas... 4 ... por las buenas intenciones
5 Situación de los proyectos del Housing and
Development Board (HDB)

3

Un régimen como el que detenta el poder en Singapur es un movimiento radical: ha transformado la expresión *renovación urbana* en el equivalente moral de la guerra, basado en un "manifiesto de retales", una amalgama improvisada del espíritu confuciano, el apoyo de la ONU, la ambición económica, la urgencia demográfica, "un complejo sistema conceptual organizado de manera poco rígida que se desarrolla a lo largo del tiempo con una red de conceptos cada vez mayor, a medida que el grupo dirigente se plantea soluciones a los problemas en el cuerpo político. Sin embargo, esta red conceptual en expansión no es enteramente aleatoria; más bien al contrario: es una expansión guiada por unos cuantos conceptos básicos".[33]

El régimen de Singapur instaura una situación de inestabilidad permanente, no muy distinta de esa "revolución permanente" proclamada por los estudiantes de Mayo del 68, pero con un programa confuciano: "Se puede hacer que la gente corriente siga un camino, pero no que lo comprenda".[34] Toda la operación combina de un modo ambiguo la satisfacción de algunas necesidades humanas básicas con el deterioro sistemático de otras —la tradición, la fijeza, la continuidad—, un *móvil perpetuo* en el cual lo que se da se quita en una convulsión de desarraigo, un estado de desorientación permanente.

Todas las nuevas viviendas —alojadas en edificios altos, muy juntos, completamente privados de esos vectores centrífugos

Limpio y verde

4

5

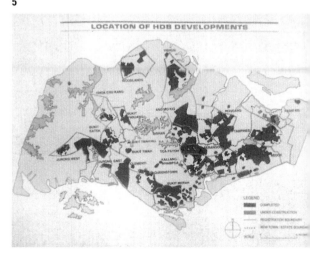

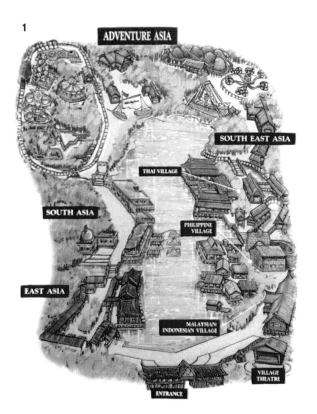 de la arquitectura moderna, y que oscurecen el cielo y ocultan el horizonte— excluyen cualquier idea de evasión. En Singapur, todas las perspectivas quedan cegadas por las buenas intenciones.

"La abrumadora presencia de más de medio millón de viviendas terminadas es un recordatorio constante [...] del éxito del gobierno. El extenso programa de vivienda pública constituye simbólicamente —y, por tanto, ideológicamente— un poderoso signo de la capacidad del régimen existente para cumplir sus promesas de mejorar las condiciones de vida de toda la nación".[35]

¿Cómo puede esta república, conocida entonces por haber establecido el entorno capitalista supremo, arrancar con una transformación casi socialista de todo su territorio? Convertir la isla en un enorme proyecto residencial ofreció la evidencia más rotunda de ese "cuidar" de su pueblo, una prueba de esa máxima confuciana que dice: "Dar generosamente a la gente común y corriente, y proporcionar ayuda a la multitud".[36]

El misterio de cómo —en una isla situada casi en las antípodas de sus orígenes geográficos, para un pueblo completamente apartado de sus supuestos escenarios— la estrategia de la vivienda moderna que había fracasado en condiciones mucho más verosímiles podría "funcionar" de repente, queda en suspenso entre la asunción de un mayor autoritarismo y la naturaleza inescrutable de la mentalidad asiática.

1
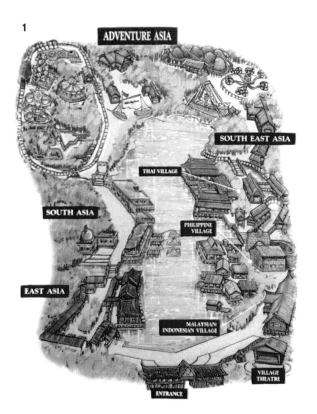

2

En 1967, Roland Barthes publica *El sistema de la moda*,[37] un análisis del sistema de significación creado por las manipulaciones aparentemente arbitrarias de los diseñadores de moda: el viaje arriba y abajo del largo de las faldas, la presencia o ausencia de la cintura, y la aspereza o el lujo de los tejidos. En 1970, Barthes publica *El imperio de los signos*,[38] que descodifica los signos de la cultura japonesa. Ambos libros son desenmascaramientos de lo aparentemente inescrutable; o, más bien, el método de Barthes se describe inescrutablemente *a sí mismo*, finalmente, como un signo.

Singapur es quizás el primer Estado semiótico, una pizarra de Barthes, una superficie sintética limpia, un campo al mismo tiempo activo y neutralizado donde los temas políticos o las partículas mínimas de carácter semántico pueden lanzarse y retirarse, probarse como globos sonda. Singapur se gobierna siguiendo una semántica maquiavélica: no como un intento de descodificar lo que ya existe, sino como una construcción prospectiva de significado político. El ámbito resultante no es un "imperio de los signos", sino un "imperio de la semántica".

Estados Unidos adoptó la metáfora del crisol; Singapur es una "cocina" étnica en la que los ingredientes se mantienen separados: así se evita la contaminación. En su lugar, lo que se aplica es la manipulación de las identidades, mediante la cual el respeto profesado a cada cultura específica —a su herencia

Un plan de ocio total

4

5

3

El imperio de la semántica I
1, 2 El pueblo "asiático"
3 El jardín "chino"
4 El barrio chino: la auténtica *subversividad*
5 El respeto...
6 ... profesado...
7 ... a cada cultura específica...

6   7

étnica y religiosa— constituye una coartada para evitar las exigencias serias —de libertades cada vez mayores— de la cultura moderna.

Cada identidad es un recipiente cuidadosamente vaciado gracias a la eficacia del desarraigo cultural anterior (resulta espeluznante experimentar la auténtica *subversividad* —uno de los significantes más corrompidos, resemantizado en este caso mediante una recontextualización salvaje— de la vida en una de las "calles que olvidaron las excavadoras" en lo que queda del barrio chino, frente a la abrumadora cantidad de novedad higiénica que lo rodea. Como un exagerado plató cinematográfico, ese escenario parece "tropical" en el sentido de sucio, perezoso, corrupto, drogado: absolutamente otro).

Muchos en uno

La educación se alista a la creación de huérfanos semánticos: hay una situación de tabla rasa incluso con respecto al lenguaje ("Lloro cuando pienso que no sé hablar mi propia lengua materna tan bien como hablo el inglés"),[39] una sensación de que en Singapur nadie habla ningún idioma a la perfección.

1

No obstante, en interés de la comunicación global, el borrado continúa: "Desde 1987, el inglés es la primera lengua en todos los colegios, con el chino o alguna otra lengua materna como segundo idioma".[40]

Incluso el conocido sistema aplicado en Singapur de prohibiciones aparentemente poco serias (masticar chicle) y de castigos muy serios (pena de muerte, golpes de palmeta) ha de verse como un signo. Mientras que el estado de Nevada estableció en su momento su identidad derogando el máximo número de leyes para crear un clima de libertinaje, Singapur lleva a cabo un rediseño legalista en la dirección opuesta —la severidad— que cumple el papel de una publicidad a escala mundial, muy barata y muy efectiva.

En Singapur —la modernización en estado puro— las fuerzas de la modernidad se unen frente a las exigencias de la arquitectura moderna. La arquitectura moderna de Singapur ha sufrido una lobotomía; de su plan completo tan sólo ha adoptado el programa mecanicista y racionalista, y lo ha desarrollado hasta alcanzar una perfección sin precedentes en un clima de "desenvoltura" estilizada generada por las ambiciones artísticas, irracionales, incontrolables y subversivas de una arquitectura moderna en desmoronamiento: la revolución sin agonía.

2

El imperio de la semántica II
1 Prohibiciones aparentemente poco serias
2 Una publicidad muy efectiva.

Los años centrales de la década de 1960 tal vez sean el último momento de confianza arquitectónica. La renovación urbana, ostensiblemente en su apogeo, ha ampliado exponencialmente el campo de los urbanistas. Por consenso, el proyectista urbano "se encarga de dar forma, de observar y aportar orden".[41] Al mismo tiempo, existe una duda corrosiva acerca de los postulados de la renovación urbana, una sensación de que todo el empuje de su realización podría fallar por su base. En palabras de Christopher Alexander, "La perspectiva de que podemos estar convirtiendo el mundo en un lugar habitado tan sólo por cajitas de vidrio y hormigón también ha alarmado a muchos arquitectos".[42]

El Team X hace un esfuerzo por humanizar la visión o el modelo fundamentales de los CIAM, en parte mediante la inyección de fuentes no occidentales (aldeas africanas, poblados yemeníes en el desierto) y otras referencias foráneas. Se oyen ruidos sordos desde Egipto; Christopher Alexander pone a prueba sus teorías en aldeas indias.[43]

Se preparan los fundamentos ideológicos para una idealización crítica inversa en la que se entiende que las masas enmudecidas del Tercer Mundo ofrecen un antídoto para la esterilidad de la modernización: se supone que los "valores" del subdesarrollo incorporan una ideología antimaterialista; se extraen enseñanzas de tierras "intactas' como China, Vietnam, India o África

1

(culturas más colectivas que las del Occidente individualista y atomizado); y se recogen nuevos conceptos en Asia, supuestamente de una mayor sutileza, impenetrabilidad y estoicismo.

A mediados de la década de 1960 es también el momento en que, entre los varones blancos del movimiento moderno anterior a la II Guerra Mundial, por primera vez surgen "otros" arquitectos de sus culturas "exóticas" para participar en las escaramuzas edípicas que se han desarrollado en torno a los dogmas centrales de la arquitectura moderna. En su camino hacia la globalización suprema, la civilización crea pensadores en la periferia y ha de reconocerlos.

El movimiento más emocionante de comienzos de la década de 1960 es japonés. La nueva conciencia acerca de las enormes obligaciones cuantitativas que han de cumplirse en un clima de aceleración e inestabilidad ha patrocinado el movimiento metabolista, una federación imprecisa de la élite pensante de Japón (Kenzo Tange, Kisho Kurokawa, Fumihiko Maki y Arata Isozaki) que combina (sublimes) vocabularios orgánicos, científicos, mecanicistas, biológicos y románticos. El proyecto de Kenzo Tange para la bahía de Tokio nos deja anonadados por el modo en que una doctrina completamente nueva parece resultar inmediatamente convincente. Es la primera vez en 3.000 años que la arquitectura tiene una vanguardia que no es de raza blanca.

Lo que hace que estos arquitectos sean emocionantes —y tal vez lo que hace que sean asiáticos— es que no evitan, a diferencia de sus coetáneos europeos, la cuestión fundamental de la cantidad (las masas), que había impulsado a los arquitectos modernos antes de la guerra.

La década de 1960: preocupaciones e inspiraciones
1 "Podemos estar convirtiendo el mundo en un lugar habitado tan sólo por cajitas de vidrio y hormigón..." (dibujo de Saul Steinberg)
2 Inyección de fuentes no occidentales (Bernard Rudofsky, *Arquitectura sin arquitectos*)

Sus parientes europeos depuran y redescubren la pequeña escala; los metabolistas asiáticos —conscientes de la presión demográfica, incluso inspirados por ella— imaginan otras maneras más ricas, más espontáneas y más libres de organizar la congestión (paradójicamente, las *new towns* del HDB —pragmáticas e irreflexivas, con su carencia de detalle y su puro y simple amontonamiento de cifras— pueden interpretarse simultáneamente como una arquitectura moderna decadente y como un protometabolismo creado por la hipersecreción tiroidea casi biológica del régimen).

Con sus *Investigations in collective form,* Maki —formado en Estados Unidos y docente habitual allí— reafirma una presencia explícitamente asiática. Como tantos libros de arquitectura de ese período, el folleto de Maki es una amalgama de reflexiones teóricas más o menos coherentes, ilustradas con proyectos más o menos teóricos. Qué fue primero (la teoría o la ilustración) es algo que resulta ambiguo.

Como japonés titulado en la Harvard University, Maki está a caballo de dos mundos. Su tratado es una sagaz explotación de la laxitud que hay entre ellos. A diferencia de "los teóricos originales de los CIAM —observa— ahora debemos ver nuestra sociedad urbana como un campo dinámico de fuerzas interrelacionadas. Se trata de un conjunto de variables mutuamente independientes dentro de una serie infinita en rápida expansión.

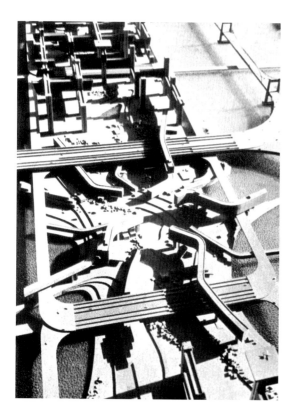

Kenzo Tange, proyecto para la bahía de Tokio

Cualquier orden introducido en ese modelo de fuerzas contribuye a crear un estado de equilibrio dinámico, un equilibrio que cambiará de carácter a medida que pase el tiempo".

"Nuestras ciudades son fluidas y móviles. Resulta difícil imaginarse algunas de ellas como lugares en el sentido real de la palabra. ¿Cómo puede ser un lugar una entidad sin un principio ni un fin perceptibles? Sin duda es más acertado pensar en *una parte concreta de una ciudad como un lugar*. Si fuese posible articular más adecuadamente cada una de las partes de la ciudad, conferir cualidades de borde y *nodo* a lo que ahora son aglomeraciones informes, habríamos empezado a hacer nuestros grandes conjuntos urbanos al menos comprensibles, por no decir 'imaginables' ".

Las rigideces de la primera arquitectura moderna quedan entonces socavadas por la inestabilidad que ella misma ha proclamado: "La razón de buscar nuevos conceptos formales en las ciudades contemporáneas radica en la magnitud del [...] cambio reciente que se ha producido en esos mismos problemas. Nuestra sociedad urbana se caracteriza por: 1, la coexistencia y el conflicto de instituciones e individuos increíblemente heterogéneos; 2, una transformación sin precedentes, rápida y exhaustiva en la estructura física de la sociedad; 3, métodos rápidos de comunicación; y 4, el progreso tecnológico *y su impacto en las culturas regionales*".

En esas condiciones, la instrumentalidad del urbanismo, obsesionado por la fijeza, queda obsoleta, como también habían indicado los expertos de la ONU: "Nuestra preocupación en este caso no es, pues, hacer un plan general o 'plan maestro', sino un 'programa maestro'. [...] Como correlato físico de ese programa maestro, hay 'formas maestras' que difieren de los edificios en que [...] responden a los dictados del momento".

A partir de esta interpretación, Maki crea una "forma colectiva", un nombre que es tan sólo una reprimenda velada al individualismo de la práctica occidental. "La forma colectiva representa grupos de edificios y cuasi-edificios: los segmentos de nuestras ciudades. Sin embargo, la forma colectiva no es una colección de edificios separados y sin relación entre sí, sino un grupo de edificios que tienen razones para estar juntos".

Para Maki, esa forma existe en tres modalidades: *forma compositiva, megaestructura* y *forma grupal.*

Obviamente harto de la forma compositiva ("el concepto comúnmente aceptado y aplicado en el pasado y el presente"), Maki está fascinado por la megaestructura y la forma grupal. "La megaestructura es un gran entramado en el que se sitúan todas las funciones de una ciudad o de parte de una ciudad. [...] Es un rasgo artificial del paisaje. [...] Los proyectistas urbanos se sienten atraídos por la megaestructura [...] porque ofrece un modo legítimo de ordenar funciones agrupadas en masa". Pero Maki es escéptico: "Si la megaforma se queda rápidamente obsoleta, [...] será una gran carga sobre las espaldas de la sociedad urbana".[44]

Por lo que Maki siente verdadera afinidad es por la forma grupal, en la que "los elementos crean unos factores comunitarios, formales y funcionales, sumamente bien diferenciados, que luego se desarrollan en conectores. Los elementos no dependen del entramado; al contrario: establecen un grupo en el que existe una interdependencia orgánica entre ellos y el entramado".[45]

1 Fumihiko Maki: japonés titulado en la Harvard University
2 Maqueta del proyecto K, Tokio
3 Forma compositiva, megaestructura y forma grupal
4 El "espacio público de mediación": la sala urbana

La coexistencia de estas categorías se concibe como un nuevo urbanismo, una nueva ciudad: "Lo ideal es una especie de forma maestra que pueda alcanzar estados de equilibrio siempre nuevos y que, sin embargo, mantenga la coherencia visual y cierto sentido de orden continuado a largo plazo".

Al igual que el Team X, Maki está obsesionado por las conexiones. Para conseguir esa forma maestra —una forma de coherencia "débil"—, propone: "Enlace: enlazar o dejar patente el enlazamiento son actividades invariantes al crear la forma colectiva a partir de elementos ya sean discretos o asociados. En términos operativos, hay una serie de enlazamientos: enlace conectado físicamente, enlace implícito, enlace incorporado. [...] Según el mismo argumento, la rapidez con la que se expande el sistema urbano indica que debe haber algunos medios de enlazar las partes recién establecidas con las partes aún no concebidas. En resumen, se necesita algo que podría denominarse 'enlazamiento abierto' ".[46]

Maki considera que "el factor más importante en la forma grupal [es] el tratamiento de los *espacios públicos de mediación* —algo análogo a la acupuntura— creando para ello lugares públicos orgánicos centrados en puntos focales de tráfico repartidos por toda la ciudad [que] afectarían de manera significativa a la rehabilitación de los centros urbanos. [...] En términos urbanísticos, debemos crear *corredores urbanos, salas urbanas* e intercambiadores de transporte en puntos estratégicos de la ciudad; y en segundo lugar, hemos de darnos cuenta de

3

4

que estos nuevos puntos focales se convierten en generadores de energía urbana. Los arquitectos no se ocupan de las distintas maneras en que se van a usar esos corredores y salas de la ciudad".[47]

El librito de Maki ofrece luego un inventario de prototipos contemporáneos, todos ellos edificios entendidos como *acumulaciones* con identidades difusas que describen colectivamente "la ciudad como un patrón de acontecimientos" más que como una composición de objetos.

Los prototipos abarcan en su escala desde "murallas comerciales" con una gran carga programática, pasando por un "centro comercial de barrio" (un basamento semimacizo de tiendas en varios niveles con funciones cívicas adicionales), hasta el proyecto de reurbanización Dojima en Osaka, un vasto "zócalo/ centro comercial" con dos importantes excavaciones (salas urbanas) y contenedores programáticos superpuestos de oficinas, viviendas, centros de arte, etc. Los diagramas lo representan como uno de los nuevos "órganos" de la ciudad, con la gente "pululando por él como el flujo vital".

Por último, el proyecto K, en un solar de 100 × 1.000 m "junto a una terminal de tránsito rápido en el centro de Tokio", propone la realización de "un conjunto de edificios que se compone de

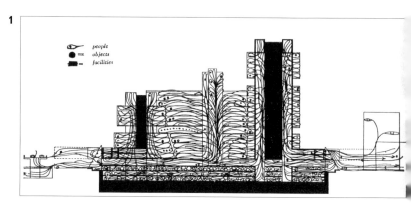

almacenes de pequeño y mediano tamaño, una terminal de autobuses locales y regionales, un gran almacén al por mayor (como
el Merchandise Mart de Chicago) e instalaciones educativas y
sociales. [...] Este concepto total indica una "forma maestra"
que conservaría la idea esencial de los principios del proyecto,
al tiempo que proporciona cierta flexibilidad".

Lo más importante no es la teoría de Maki, sino su anticipa-
ción de ese tono regional adquirido por el debate arquitectónico,
que será el resultado, paradójicamente, de su difusión global.
Y Maki lo advierte discretamente: "Predecimos que en el plazo
de una década la investigación de la expresión regional a escala
colectiva llegará a ser uno de las cuestiones más importantes y
fascinantes de la arquitectura y el urbanismo". Como tal expresión regional, la obra de Maki se ocupa descaradamente de la
actividad de "ir de compras", que en el contexto asiático no es
un mero frenesí consumista, sino una de las auténticas esencias
de la vida urbana, y su equipamiento en Asia sería el equivalente
al ágora. Se trata de uno de los signos de una nueva raíz de la
arquitectura internacional. Como observa Maki con sequedad:
"Le Corbusier limita las cualidades generativas del ser humano
en la arquitectura urbana al 'aire', la 'vegetación' y el 'sol', mientras que los partidarios de la forma grupal encuentran miles de

**Talento
metódico para
el mundo**

3

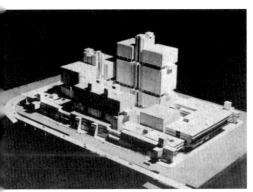

1, 2 Diagramas de movimiento para el proyecto de
reurbanización Dojima, en Osaka
3 Maqueta del proyecto de reurbanización Dojima
4 Maqueta del proyecto K

4

actividades sugestivas que añadir a esa lista".[48]

SPUR

Un elevado nivel de profesionalidad

El grupo SPUR (Singapore Planning and Urban Research) está compuesto en 1965 por William Lim y Tay Kheng Soon; recibe la influencia de Constantinos Doxiadis, el fundador de esa "ciencia de los asentamientos humanos" llamada "ekística"; y se ve alentado por Jacqueline Tyrwhitt, profesora de Lim en Harvard, a creer que "la causa de la planificación física en Singapur puede mejorarse si el público interesado también queda implicado en el proceso".

SPUR [en inglés 'estimular', 'alentar']: el nombre sugiere la ambición de ofrecer un nuevo incentivo, un estímulo, pero al mismo tiempo cierta conciencia —por no decir un complejo de inferioridad— de tener una genealogía apartada de la línea principal.

La posición del SPUR —que agrupa a la intelectualidad arquitectónica de Singapur— es precaria desde el principio: están deseando desempeñar algún papel en ese experimento de transformación radical ya en marcha, pero no están dispuestos a abandonar una postura crítica. El SPUR está emparedado entre "una población que es dócil y vacilante en los asuntos relacionados con nuestro entorno" y de la que el grupo se considera portavoz, y "una burocracia que es eficiente y enérgica".

Pese a la naturaleza intensamente visible de las acciones del gobierno —en cuanto a *des*trucción y *cons*trucción—, el plan de

1

1 Un nuevo incentivo: el primer número de *SPUR*
2 William S. W. Lim, 1993
3 Tay Kheng Soon, 1993

actuación del SPUR se había mantenido en secreto, sus intenciones habían estado claras sólo para los de dentro. El SPUR protesta: "El informe de la ONU no se puso a disposición del público en general. [...] Los planes se desvelaban [...] cuando se aprobaban: demasiado tarde para permitir la participación".

En este vacío informativo, el SPUR —veinte miembros con otros veinte participantes ocasionales— emprende sus propios estudios de investigación, participa en debates, charlas y foros públicos, organiza simposios, envía cartas a la prensa, remite diversos memorandos a las autoridades gubernativas y elabora políticas alternativas, todo lo cual supone una enorme implicación y una frenética demanda de participación directa en ese experimento de renovación que es Singapur.

El grupo elabora dos publicaciones (*SPUR 65-67* y *SPUR 68-71*): impresionantes recopilaciones de datos, argumentos, análisis, críticas y estudios de impacto. El tono es serio para una revista de arquitectura: en un total de 180 páginas, *hay tan sólo tres ilustraciones.*

Desde la plataforma del SPUR —a veces suena como un gobierno paralelo—, Tay Kheng Soon y William Lim, ideológicamente obsesionados con el sector público, exigen con una exasperación creciente, pero cortésmente reprimida, tomar parte en el proceso, e incitan al gobierno a "solicitar críticas del público en general, [...] promover una responsabilidad y un orgullo cívicos mayores". Su cruel destino es que el régimen está decidido a mantenerlos como árbitros desde los márgenes de una experiencia electrizante.

Cuando comentan el proyecto de una nueva autopista costera, la respuesta que reciben —por parte de Loy Khoon, secretario adjunto del HDB— es displicente: "No se pueden hacer

2

3

comentarios constructivos y llegar a conclusiones precipitadas tras estudiar tan sólo una autopista o una intersección". Por si acaso no lo captan —que en esta revolución sólo se puede estar a favor o en contra—, le dicen a Edward Wong, socio de SPUR: "En el caso de que el señor Wong o cualquier otro miembro de su grupo deseara implicarse en el desafío de los muchos proyectos urbanísticos públicos en marcha, nada se lo impediría si tiene los títulos necesarios y cumple con los requisitos exigidos para solicitar a la Comisión de la Función Pública su entrada en el gobierno o al servicio del Consejo de Vivienda y Urbanismo [HDB]".

Las oportunidades de negocio son para aprovecharlas

Las cuestiones que plantea el SPUR (la historia, el contexto y la comunidad) son exquisiteces que tan sólo restarían mérito al proceso de modernización e interferirían con su pureza, lo que causaría una deceleración. Pero Tay Kheng Soon y William Lim insisten: "Estamos en una fase creativa. Con objeto de elaborar imágenes creativas, necesitaremos mucho más que meros tecnócratas y expertos que usen la regla de cálculo y fórmulas matemáticas, o incluso ordenadores. Necesitamos poetas y visionarios. La realidad poética lo abarca todo".

Mientras el gobierno, intoxicado de adrenalina, acelera el metabolismo de toda la isla, el SPUR insiste en pedir un tiempo de reflexión: "Ahora hemos llegado a la encrucijada. Ahora

1 La década de 1960: la primera vez en 3.000 años que la arquitectura tiene una vanguardia que no es de raza blanca
2, 3 La "ciudad asiática del mañana"

necesitamos hacer una pausa, descansar con el fin de superar esa encrucijada, pasar de un enfoque cuantitativo a esa esfera más indefinida que consiste en lograr la calidad en nuestro entorno total". En 1966 presentan su propia alternativa para Singapur: "El grupo expuso algunas concepciones de 'ideales de la ciudad' orientados al desarrollo urbano en [...] 'El futuro de las ciudades asiáticas' ".[49]

A primera vista, su dibujo parece un atrevido pastiche de fantasías megaestructurales coetáneas. "Imaginemos una ciudad donde tengamos viviendas que se extiendan hacia el cielo, y debajo de ellas el bullicio de la gente en edificios empresariales, oficinas gubernamentales, centros educativos, teatros, espacios abiertos y centros recreativos [...] donde los diversos centros de actividad sean centros de entretenimiento y cultura conectados entre sí y situados en el corazón de la ciudad, que se iluminan al anochecer. [...] Imaginemos parques limpios y calles libres de montones de buhoneros y vendedores ambulantes, y de alcantarillas abiertas sin ensuciar. *Ésta es nuestra ciudad asiática del mañana"*.

La ausencia de signos asiáticos deja atónito, pero ésa es exactamente la cuestión. En el contexto del problema formulado —"a propósito de la explosión demográfica asiática, cada uno de nosotros debe preguntarse inevitablemente qué pasará con

3

**Naturaleza e
historia, salud y
recreo, espíritu y
alma**

los asentamientos humanos en nuestra porción de este planeta
en los años venideros"—, lo "asiático" es una desviación sen-
timental, incluso para el SPUR. "Las ciudades son el resultado
de la evolución. Querríamos conservar el carácter y la identidad locales, pero, por otro lado, no debemos cometer el error
de identificar las exigencias de la vida moderna y el proceso de
industrialización con la desorientación". Considerando la propia
demografía, lo que resulta inevitable es la densidad. "Cualquiera
que sepa apreciar el sentido de una ciudad estará de acuerdo

La "ciudad asiática del mañana"

en que una verdadera ciudad es una ciudad congestionada: una congestión no de coches, sino de gente impulsada a aglomerarse por multitud de actividades relacionadas. [...] Los edificios en altura serán la norma, más que la excepción".[50] Es exactamente esta "nueva" densidad —de cuya explosión en altura los bloques de viviendas del HDB eran tan sólo el comienzo— lo que constituirá el sello de lo asiático.

Hay un punto en el que el SPUR y el régimen están totalmente de acuerdo. A veces Lee Kuan Yew incluso hace el juego a los visionarios del grupo. En una exposición de las propuestas alternativas del SPUR, Yew anuncia: "Una vez resuelta la parte más difícil del problema de la vivienda hacia 1963, nuestros objetivos inevitablemente se ampliaron".[51]

A finales de la década de 1960 la frustración del SPUR aumenta debido a su continua exclusión. Reducido a la condición de espectador, el grupo interpreta las explosiones políticas de "Watts, Ámsterdam y París" como signos de una conflagración potencialmente global que cuestiona el poder establecido.

Cuando William Lim escribe en "La inminente crisis urbana" sobre "las revueltas campesinas, las guerras civiles y las revoluciones", lo que refleja es una incredulidad y una irritación apenas contenidas ante los disturbios que *no* estallaban en Singapur, su alarma de que el levantamiento del Tercer Mundo se haya convertido en un idilio desarrollado en sus propias puertas.

Este malentendido revela una paradoja cruel. Los arquitectos más progresistas tienen cierto interés emocional en perpetuar lo retrógrado, y el correspondiente grado de amargura por el éxito de unas políticas cuyo fracaso habían pronosticado y cuyos atractivos habían subestimado; miran con incredulidad la aparente maleabilidad de una población cuya resistencia e

Listo para una orientación empresarial

1

2

1 Mayo del 68, París
2 Mayo del 68, Singapur

Estimulados (SPURned)

La verdad, profundamente desconcertante, es que, por una vez, los políticos han imaginado y aplicado una *solución* que hace caso omiso de las mejoras propuestas por los arquitectos y de sus expectativas de fracaso inminente. El plano arrasado de la isla de Singapur se ha convertido en una vasta finca metabólica, un terreno de juego gubernamental. A treinta años vista, alguno de los proyectos, con su insensata densidad, adquieren un lustre metabolista casi vanguardista.

Tan sólo cuando el régimen transige finalmente a finales de la década de 1980 —es de suponer que porque ya ha hecho su trabajo—William Lim y Tay Kheng Soon se consuelan pensando que han vencido tardíamente al gobierno en el tema de la conservación. William Lim —poco profético en su artículo "La causa en contra de los edificios altos en los centros urbanos del Tercer Mundo"— entiende que es porque finalmente se le hizo caso; pero también es cierto que no queda casi nada que demoler.

2

1

El metabolismo en Beach Road

Corre el año 1967; la década de 1960 está llegando a su fin; la "parte más difícil del problema de la vivienda" está resuelta; la reconstrucción de Singapur capital puede comenzar. El gobierno pone en marcha, a través de la Urban Redevelopment Authority (URA) —un nombre menos siniestro para el anterior Urban Renewal Department— un programa de "venta de solares". Ahora que el momento es propicio para que la propia ciudad de Singapur sea renovada, la empresa privada resucita. Siguiendo el consejo de la troika de la ONU —"asegurar un entorno urbano saludable y placentero para todos los ciudadanos de Singapur [...] *sin reprimir la iniciativa de los promotores* ni la inventiva de los proyectistas"—, se designan solares más grandes para su expropiación en el barrio financiero central —en su mayor parte rectangulares, de unos 10.000 m², libres de las peculiaridades del contexto— y se venden al mejor postor. "Conservar

Hablar mandarín

3

People's Park Complex

Developer	People's Park Development Ltd
Architect	DP Architects Pte
Usage	Shopping/Flats/Office
Site Area	10,358.6m²
Location	People's Park

People's Park Complex stands on the site of the old People's Park — a bazaar of make-shift stalls that spread over a hectare. While the bazaar was extremely popular, it was also congested and uncomfortable in the rain.

The makeshift stalls made the old People's Park particularly fire-prone and fire eventually destroyed it.

The site was offered for the development of offices, shops and flats and People's Park Complex, the result, was completed in 1971.

It stands 31 storeys high and has succeeded in recreating the excitement, the vitality and the atmosphere of the old bazaar.

A total of 264 apartments are located in the 25-storey slab block. The six-storey podium accommodates more than 300 shops, offices, restaurants, coffee houses and car-parking for 633 cars.

It is linked across Eu Tong Sen Street and New Bridge Road by a pedestrian bridge. On the ground level, a pedestrian mall leads to the People's Park Food and Shopping Centre (a Housing and Development Board project) and the OG Building on another URA site.

1 Urban Redevelopment Authority, *Chronicle of sale sites,* 1967
2 Zona de New Bridge Road, maqueta del conjunto, 1967
3 El People's Park Complex, en *Chronicle of sale sites*

People's Park Complex, exterior e interior, 1993

1 People's Park Complex, proyecto de Design Partnership, planta del
podio **2** Sección **3** Alzado de la torre y sección por el podio **4** Planta tipo,
vivienda **5** People's Park Complex, noviembre de 1993

1

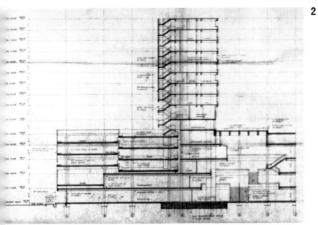

2

3

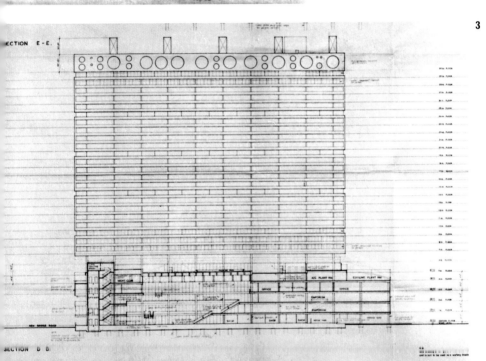

SECTION E-E.

SECTION D-D.

4

5

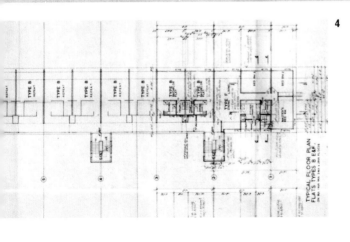

TYPICAL FLOOR PLAN
FLATS TYPES B 6&F

el urbanismo comercial en el sector empresarial privado era al mismo tiempo económica e ideológicamente necesario".[52] Y es entonces cuando la impaciencia acumulada de los intereses comerciales y arquitectónicos puede encauzarse: tras hacerlo con el territorio interior, será ahora Singapur capital la que se construirá desde cero.

El primer año se venden 13 solares; en los dos años siguientes, otros 32 más. Estas primeras ventas ponen en marcha al menos diez proyectos que, por sí solos, hacen de Singapur quizás el depósito más impresionante de doctrinas arquitectónicas hechas realidad de la década de 1960: un museo del tamaño de una ciudad. En dos puntos, casi unas bandas (la llamada "milla de oro" de Beach Road, frente al mar,[53] y Eu Tong Sen Street, que atraviesa el barrio chino en paralelo a la New Bridge Road) surgen, en un plazo asombrosamente breve, "obras maestras" de arquitectura/urbanismo experimental que han de verse como incipientes formas maestras, es decir, acumulaciones programáticas que generan nuevas situaciones urbanas, más flexibles, fuera de la rigidez de un plan general o maestro, en forma de un desarrollo urbano continuo.

En Beach Road y en People's Park, Tay Kheng Soon y William Lim —unidos en Design Partnership, su estudio de arquitectura— introducen los prototipos del nuevo "corredor urbano": ejemplos construidos de la "ciudad de salas" metabolista, primeras pruebas de una modernidad asiática aplicada a la ciudad. Ambos arquitectos habían estado en contacto con la doctrina del Team X en la Architectural Association (AA) de Londres, y con Maki en Harvard, donde Lim adquirió también "conocimientos teóricos [...] sobre el uso del suelo, la economía del

1

2

1, 2, 3 People's Park Complex (Ng Chee Sen) y aledaños, noviembre de 1993
4 El People's Park Centre, en *Chronicle of sale sites*

desarrollo y la localización, [...] estudios sobre flujos de capitales y mercados, y estrategias de venta y arrendamiento, así como análisis de la oferta y la demanda: en realidad, todo el paquete de la economía del desarrollo".

Siendo ostensiblemente un bloque en altura descomunal sobre un podio descomunal, el People's Park Complex es, de hecho, una versión condensada de un centro urbano chino: un mercado tridimensional basado en la matriz celular del comercio chino, un barrio chino del movimiento moderno.

Excavados en su trama hay dos vacíos intercomunicados; William Lim los describe como "dos atrios entrelazados, [...] una idea completamente nueva y audaz para la época. [...] El atrio principal —al que llamamos la 'sala urbana'— se inspiraba en las ideas del grupo metabolista japonés". El propio Maki realiza una visita durante la construcción: "Nosotros teorizamos y ustedes la están construyendo".[54]

Este éxito no carece de ambigüedades. Los arquitectos ilustrados participan ahora en la radical renovación urbana de Singapur. Su proyecto ha vaciado parte del barrio chino: el antiguo People's Park. Para justificar el proyecto se denigra lo viejo: "Un bazar de puestos provisionales con una extensión de una hectárea. Aunque el bazar era sumamente popular, también estaba abarrotado y resultaba incómodo cuando llovía", alega el gobierno sin convicción. El nuevo edificio "se eleva 31 alturas y ha conseguido crear de nuevo la agitación, la vitalidad y la atmósfera del viejo bazar. [...] Un total de 264 viviendas ocupan el bloque de 25 plantas. El podio de seis alturas alberga más de 300 tiendas, oficinas, restaurantes, cafeterías y aparcamiento

4

3

People's Park Centre

Developer	Peiguan Development (Pte) Ltd
Architect	Ng Chee Sen Architect
Usage	Office/Shopping/Flats
Site Area	9,596.8m²
Location	Eu Tong Sen Street/Upper Cross Street

As with the other URA projects in Chinatown, People's Park Centre is a complex of shops, offices and apartments.

There are 24,700m² of shopping space on four storeys of the podium. Ten thousand square metres of offices are accommodated in the upper storeys of the podium and in the first few storeys of the tower block.

All these facilities are well served by car parks within the building.

The apartments are on the ninth storey to the 29th storey.

The complex is linked by bridges to the OG Building and the People's Park Food Centre across Upper Cross Street. Later there will be bridges to the Furama Hotel across the Old Havelock Road and to the east side of New Bridge Road — across Eu Tong Sen Street and the canal.

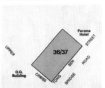

para 633 coches".[55]

La dimensión ideológica del conjunto se ve reforzada por el inicio del "enlazamiento". En la misma calle, parte de esa misma "primera venta", Ng Chee Sen construye el People's Park Centre. Cuenta con 25.000 m² de zona comercial en un podio de cuatro alturas, un bloque de viviendas de 20 plantas y 10.000 m² de oficinas; al igual que el People's Park Complex, el centro tiene una sala urbana y está comunicado con una zona de comidas situada entre los dos edificios, que forma parte de un "nodo": unos puentes se extienden en todas direcciones para establecer la continuidad peatonal. Conjuntamente, los dos edificios son los inicios de una forma maestra, de un corredor urbano inspirado en las ideas de Maki.

Un minicentro urbano en nuestro propio patio trasero

Desde el punto de vista arquitectónico, estos conjuntos son aparentemente poco sofisticados: semejan versiones tropicales de los *arquitectones* de Kazimir Malévich: volúmenes prismáticos rectangulares de hormigón visto, compuestos con una aparente despreocupación. No obstante, en 1972 la Eu Tong Sen Street es ya uno de los tramos de ciudad más ideológicos del mundo, inequívocamente asiático en sus valores, y está listo para su ampliación y su enlazamiento en todas direcciones.

Una "milla metabolista" similar se desarrolla en paralelo a la costa en Beach Road: la Plaza (de Design Metabolists Architects) y la Golden Mile Tower (del equipo Goh Hock Suan), "otro hito, [...] una compleja disposición de forma y masa que refleja las figuras y los volúmenes de los espacios interiores. Aunque

1

2

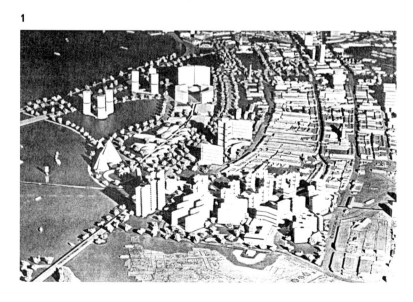

1 Zona de Beach Road, maqueta del conjunto, 1967 **2** Golden Mile Tower, proyecto del equipo Goh Hock Suan **3** La Plaza, proyecto de Design Metabolists Architects **4** Woh Hup (actualmente Golden Mile) Complex, proyecto de Design Partnership

su acabado es de hormigón sin tratar, el edificio queda suavizado a la vista gracias al redondeado de aristas y esquinas, y a los detalles de las carpinterías y las barandillas metálicas"; el conjunto incluye un cine de 1.896 localidades, 200 tiendas, una torre de oficinas de 16 alturas y 539 plazas de aparcamiento.

En uno de los extremos se sitúa el conjunto más avanzado, ideológica y arquitectónicamente: el Woh Hup (actualmente Golden Mile) Complex, donde los componentes ya no están separados y son autónomos, sino que quedan absorbidos en un único conjunto multiusos de 16 alturas en pendiente. "El edificio es una terraza escalonada y fue el primero de Singapur en utilizar este diseño. Esto proporciona a las oficinas una vista panorámica del cielo y el mar, terrazas adecuadas para plantar pequeños jardines al sol y, en el lado noroeste, el escalonamiento de los forjados significa que el de arriba protege a los de abajo de las elevadas temperaturas del sol de mediodía".[56] El conjunto alberga 370 tiendas, 500 plazas de aparcamiento y oficinas.

El Golden Mile Complex representa el primer segmento asiático de megaestructura realizado en todo el mundo: un sueño concebido en 1928 en el enigmático proyecto Wohnberg ("colina de viviendas') de Walter Gropius, y redescubierto en la década de 1960, cuando Kenzo Tange —primero en un estudio realizado en Boston con estudiantes del Massachusets Institute of

3

4

1

2

1 Golden Mile Complex, mirando hacia arriba, noviembre de 1993
2 Goleen Mile Complex: Singapur teorizado

Technology (MIT), y luego en su proyecto para la bahía de Tokio— hizo de la partición del volumen y de su consiguiente creación de una monumental nave interior un poderoso tema de resistencia frente a la ortogonalidad banal de los bloques (algo que tuvo su eco más tarde en el atrio del hotel Marriott en Atlanta, de John Portman, y todavía reverbera en versión devaluada en una obra tan reciente como el edificio de la ESIEE en Marne-la-Vallée, de Dominique Perrault).

La megaestructura augura el fin de los prístinos volúmenes de la arquitectura moderna. Mientras que los contenedores originales de antes de la guerra tienen una capacidad infinita para asimilar la diversidad al tiempo que siguen siendo monolíticos, enigmáticos y neutros, ahora —en nombre del humanismo— se presiona en favor del *acceso* simbólico, el entendimiento, la percepción y la apertura. Como si se hubiesen abierto mediante enormes palancas, las partes quedan separadas; los bloques, partidos; las mitades, colocadas en monumentales entramados en forma de A; las torres, retorcidas de modo que un nuevo colectivo pueda quedar a la vista y ser inspeccionado.

La arquitectura se vuelve comprensible (¿un paso importante hacia la decepción?).

En los trópicos, este abrir con una palanca puede verse como un deseo genuino, casi ecológico, de exponer el interior oculto a las brisas de un clima beneficioso. No se trata de una segregación del interior, sino de una situación de exposición mutua y máxima permeabilidad urbana.

En esos proyectos, el centro de Singapur se teoriza como un prototipo de la metrópolis asiática moderna: la ciudad entendida

1

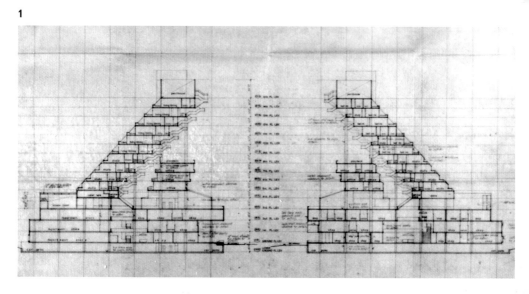

como un sistema de cámaras urbanas interconectadas. El clima, que tradicionalmente limita la vida en la calle, hace del interior el ámbito privilegiado para los encuentros urbanos. Ir de tiendas en este contexto idealizado no es sólo una obsesión impulsada por el estatus —que es lo que ha llegado a ser "aquí"—, sino una amalgama de constelaciones funcionales, a veces microscópicas e infinitamente variadas, en las que cada puesto es un "funcioide" de ese mosaico programático general que constituye la vida urbana.

A finales de la década de 1960, los arquitectos de Singapur —sintetizando despiadadamente influencias de Le Corbusier, Alison y Peter Smithson y el Team X, especulaciones inequívocamente asiáticas derivadas de Maki, y una autoconciencia y una seguridad nuevas como asiáticos— cristalizaron, definieron y construyeron ambiciosos ejemplos de vastos zócalos modernos rebosantes de las formas más tradicionales de la vida callejera asiática, exhaustivamente conectados por múltiples enlaces, provistos de modernas infraestructuras y, a veces, de babélicos aparcamientos de varios pisos, penetrados por protoatrios y coronados por torres de usos mixtos: son contenedores de la multiplicidad urbana, heroicas capturas e intensificaciones de la vida urbana en la *arquitectura,* infrecuentes manifestaciones de esa clase de actuación que podría y debería ser la norma en la arquitectura, pero que casi nunca lo es; son conjuntos que confieren un alarmante grado de credibilidad a los mitos de esa ciudad en varios niveles y a esas megaestructuras que "nosotros", en unas circunstancias infinitamente más prósperas, hemos desacreditado y descartado.

Una nueva identidad asiática en una cambiante cultura global

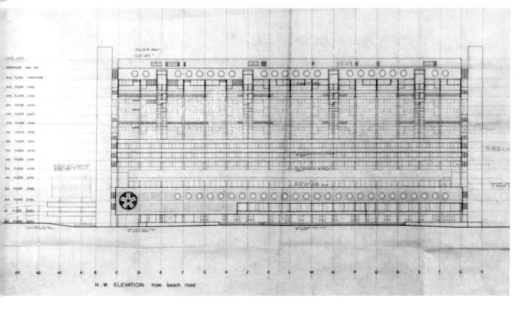

N - W ELEVATION from beach road

De ser un único e ingente barrio chino, Singapur se ha convertido en una ciudad *con* un barrio chino. Parece terminada.

Pero como (antiguo) escenario de la tabla rasa, Singapur tiene ahora la endeble cualidad de una imagen congelada, de un movimiento detenido que puede ponerse en marcha de nuevo en cualquier momento en su camino hacia otra nueva configuración; es una ciudad perpetuamente transformada en su siguiente estado.

La maldición de la tabla rasa es que, una vez aplicada, demuestra no sólo que las ocupaciones anteriores son prescindibles, sino también que todas las ocupaciones *futuras* también serán provisionales, en última instancia temporales. Eso hace que la pretensión de irrevocabilidad —esa ilusión en la que se basa incluso la arquitectura más mediocre— sea imposible; hace que la Arquitectura, con mayúscula, sea imposible.

La preocupación provocada por la situación precaria de la realidad de Singapur se ve agravada por la ausencia de una estabilidad geométrica. Su valentía para borrar no ha inspirado un nuevo marco conceptual —¿*concepto rector?*—, un pronóstico definitivo del estatus de la isla, una identidad autónoma independiente de su relleno, como la retícula de Manhattan. La geometría que prolifera en Singapur se fuerza más allá de su punto de ruptura cuando tiene que organizar la coexistencia de

1

1 Singapur en 1995: la endeble cualidad de una imagen congelada...
2 ... que puede ponerse en marcha de nuevo en cualquier momento...

las supermanzanas estrictamente ortogonales de modernidad media que componen la inmensa mayoría de su trama construida. La "planificación" de Singapur —la mera suma de presencias— es informe, como un dibujo de *batik;* surge por sorpresa, aparentemente de ninguna parte, y puede anularse y borrarse de un modo igualmente repentino. La ciudad es un *collage* imperfecto: todo es primer plano, sin fondo.

Tal vez esta falta de geometría sea típicamente asiática: Tokio es el ejemplo eterno. Pero, ¿qué hace que ésa sea la situación actual en casi todo el mundo? ¿Está París rodeada por un anillo asiático? ¿Es chino el Foro Romano de Piranesi? ¿O es que nuestra tolerancia a la imperfección de "otras" culturas y "otros" criterios es una forma camuflada de condescendencia poscolonial?

La resistencia de estos edificios ensamblados a formar un conjunto reconocible crea una situación, sea asiática o no, en la que el exterior —el ámbito clásico de lo urbano— parece residual, sobrante, sobrecargado de vertidos comerciales procedentes de unos interiores herméticos, de hiperdensidades de preceptos triviales, de arte público: la tropicalidad reconstruida del paisajismo.

Como un manifiesto de lo cuantitativo, Singapur revela una contradicción cruel: enormes crecimientos en lo material, pero con un efecto general cada vez más irreal. La cualidad siniestra de las ventanas —vidrio negro, a veces púrpura— crea, como en

2

el paisaje de una maqueta de tren eléctrico, un grado adicional de abstracción que hace imposible adivinar si los edificios están vacíos o rebosantes de vida confuciana transplantada...

A pesar de su trama colosal, Singapur está condenada a seguir siendo una metrópolis potemkin.

Éste no es un problema local. Se pueden *hacer* cosas, pero no necesariamente hacer que sean reales. Singapur representa ese punto en el que el volumen de lo nuevo supera el volumen de lo viejo, en el que el primero ha llegado a ser demasiado grande como para verse animado por el segundo y todavía no ha desarrollado su propia vitalidad. Matemáticamente, el tercer milenio será un experimento sobre esta forma de impersonalidad (a menos que despertemos de nuestro sueño de odio a nosotros mismos, que ya dura treinta años).

Tras su monumental logro, Singapur sufre ahora una resaca prometeica. Es palpable una sensación de anticlímax. El estado "acabado" de Roland Barthes está tratando de encontrar nuevos temas, nuevas metáforas, nuevos signos que superponer a su lujosa trama. La atención ha pasado de los enemigos externos a los demonios internos, de los que la duda es hasta ahora la más inusitada.

Singapur: el arquitecto de nuestro negocio global

1

2

1 Lee Kuan Yew, ex primer ministro, y su sucesor, Goh Chok Tong
2 Una versión más relajada de Esparta
3 Diagrama de las "nuevas orientaciones"; desde la izquierda en sentido de las agujas del reloj: "Urbanización, información/orientación, internacionalización, *software*/orientación, envejecimiento avanzado, recreación".

Lee Kuan Yew dimitió en 1990, pero permanece destacadamente en segundo plano como una eminencia gris. Su sucesor, Goh Chok Tong, debe asegurar la transición entre un hipereficaz Estado de disciplina militar y una versión más relajada de Esparta.

Es un período de transición, revisión, ajustes marginales y "nuevas orientaciones"; tras la urbanización viene la "recreatización": "Los ciudadanos de Singapur aspiran ahora a lo mejor de la vida: las artes, la cultura y los deportes".[57]

La reciente creación de un Ministerio de la Información y las Artes es un indicio de todo ello. Como advierte el ministro Yeo: "Puede parecer extraño, pero hemos de tomarnos muy en serio el tema de la diversión si queremos seguir siendo competitivos en el siglo XXI".

Singapur es una *ciudad sin atributos* (puede que ésta sea la forma última de deconstrucción, e incluso de libertad), pero su evolución —su senda onírica— continúa: tras el triunvirato ilustrado de la ONU en la posguerra, primera manifestación de la apoteosis tardía de los CIAM, pasó a ser una agitada metrópolis metabolista, ahora dominada por una especie de posmodernidad confuciana en la que los descomunales bloques de viviendas iniciales se rehabilitan con una ornamentación simétrica.

3

En la década de 1980, el frenesí consumista global distorsionó la imagen de Singapur hasta convertirla en una caricatura repulsiva: una ciudad entera vista como un centro comercial, una orgía de vulgaridad eurasiática, una ciudad despojada de los últimos vestigios de autenticidad y dignidad. Sin embargo, incluso en un proyecto terminal como el de la Nge Ann City están presentes los elementos de la antigua vida ideológica, latentes bajo el lustre de esa posmodernidad estrepitosa (granito, latón, ladrillo) que, en la nueva retórica, se basa no sólo en la vida asiática, sino también en la resurrección de la estética asiática: la Muralla China, las pagodas, la Ciudad Prohibida, etc. Bajo las formas y las decoraciones hay todavía una deslumbrante máquina urbana, con sus fastuosas plataformas de aparcamiento en la planta 11, la diversidad de sus atrios, la sorprendente riqueza de sus grandes almacenes celulares, que mezclan Nike con Chanel, y Timberland con la comida tailandesa: es el turbometabolismo.

La historia, en especial la historia colonial, ha quedado rehabilitada, paradójicamente porque es la única reconocible *como* historia: el hotel Raffles, con su fachada delantera minuciosamente restaurada, se ha clonado en la trasera para albergar la ampliación de un centro comercial que sobrepasa ampliamente el volumen del original.

Paul Rudolph resurge del limbo. En algún lugar de la ciudad, uno de sus prototipos estadounidenses —que inició su vida conceptual en la década de 1960 como un montón de caravanas subidas a un esqueleto de acero— se eleva construido en hormigón.

Un futuro con un pasado

3

1, 2

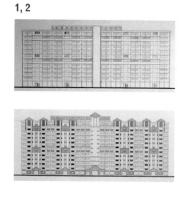

En 1981 Rudolph había tomado parte en el experimento de Beach Road, supuestamente sin saberlo. Sin contacto con sus colegas de Singapur, el arquitecto estadounidense diseña un proyecto metabólico para un promotor: una torre girada de hormigón, próxima a una protuberancia deformada a modo de podio, una de las primeras manifestaciones del atrio independiente. También se construyó trece años más tarde, pero en aluminio y con el giro de la torre reemplazado por el dentado: una mazorca metálica con su "atrio estadounidense" más hueco que el de sus equivalentes asiáticos.

El centro de Singapur será hiperdenso; una masiva invasión de formas descarnadas y sin detalles abarrota la maqueta de la ciudad situada en la última planta de la gerencia de urbanismo. En terrenos recién ganados al mar, las últimas obras de adorno se están encajando con obras maestras contextuales: un *botta,*

1, 2 Posmodernidad confuciana: los primeros bloques de viviendas, rehabilitados **3** Atrio de un centro comercial, Orchard Road **4** La ciudad entendida como un centro comercial **5** Frenesí consumista global **6** Nge Ann City, paisaje de cubiertas

6

un *stirling* póstumo. Pero, ¿cómo pueden ser los edificios receptivos a su entorno, si *no hay* entorno?

Promocionar la labor nacional de equipo

Diversas preocupaciones (¿reprimidas?, ¿importadas?) salen con cautela a la superficie, las más insidiosas acerca de la desaparición de la historia. "Hay cierta exigencia de conservar y explorar nuestro rico patrimonio cultural".

Goh Chok Tong ha identificado su mandato como la "siguiente etapa" (que sustituye a la "visión 1999"). Al jurar su cargo en noviembre de 1990, declara: "A Singapur sólo le puede ir bien si sus buenos hijos e hijas están preparados para dedicarse a ayudar a otros. Yo los uniré para servir al país. Pues, si no se ofrecen, ¿qué futuro tendremos? Así pues, hago un llamamiento a mis conciudadanos para que se unan a mí, para que corramos juntos la siguiente etapa".[58]

Pero el nombre por sí solo trasluce una fatiga inherente, como una carrera de maratón alrededor de una pista. La "siguiente etapa" de Goh Chok Tong es como una invitación a unirse a él para dar vueltas a un molino.

Principalmente, la "siguiente etapa" representa un trabajo adicional sobre la identidad de Singapur. "Nuestra visión es [...] una isla con un mayor sentido de la 'insularidad': más playas, puertos deportivos, centros de vacaciones y posiblemente parques de atracciones, así como mejor acceso a un litoral atractivo y una ciudad que abraza más estrechamente la línea costera,

3

1, 2

como signo de su herencia insular. Singapur estará envuelta en un manto de vegetación, tanto zonas cuidadas por el hombre como extensiones protegidas de crecimiento natural con masas de agua entretejidas en el paisaje".[59] En general, Singapur se prepara para evolucionar "hacia una ciudad tropical de la excelencia".

En este clima de relativa reconsideración, por no decir contemplación, la naturaleza misma es uno de los principales candidatos para la rehabilitación, a veces de manera retroactiva. "Todos nuestros esfuerzos están guiados por el deseo de equilibrar el desarrollo con la naturaleza. [...] A veces, como ocurre en todo el mundo, hemos tendido a urbanizar en exceso algunas zonas. En tales casos es necesario hacer retroceder el tiempo, eliminar los edificios y rehabilitar la antigua vegetación". Casi de un modo ominoso, incluso parece como si la naturaleza fuese el siguiente proyecto de urbanización, lo que lleva la mecánica de la tabla rasa a una paradójica marcha atrás: tras la urbanización, el Edén.

Ya en 1963, Lee Kuan Yew "lanzó personalmente una campaña de plantación de árboles" a modo de compensación profiláctica de los programas de renovación urbana que iban a ponerse en marcha. "Se llevó a cabo una intensa plantación de árboles en todas las calles, en los solares sin construir y en los nuevos terrenos para urbanizar".

1, 2 El centro será hiperdenso: maqueta de la ciudad en la Urban Redevelopment Authority, última planta, noviembre de 1993 **3** "Todos nuestros esfuerzos están guiados por el deseo de equilibrar el desarrollo con la naturaleza" **4** Lee Kwan Yew lanza la campaña de plantación de árboles **5** Tras la urbanización, el Edén...

4

En paralelo a la intensificación de la renovación urbana, en 1967 se inició una campaña en favor de la "ciudad jardín", "un programa de embellecimiento que pretende envolver la república en un manto verde, resplandeciente con los colores de la naturaleza".[60]

Ahora el Estado está a punto de completar una "red de parques", una ambiciosa malla llevada a cabo mediante un "sistema de conexión de parques" que convertirá Singapur en un "campo de juegos total".

Reducir la vulnerabilidad

En todo el mundo, el paisaje se está convirtiendo en el nuevo medio de transmisión de ideología: más popular, más versátil, más fácil de aplicar que la arquitectura, capaz de expresar los mismos significantes, pero de un modo más sutil, más subliminal; es bidimensional en lugar de tridimensional, más económico, más complaciente e infinitamente más susceptible de portar mensajes intencionales.

La ironía del clima de Singapur es que su calor y humedad tropicales son al mismo tiempo la excusa perfecta para un retiro en toda regla a un confort interior, generalizado, no específico y con aire acondicionado; y es el único elemento de autenticidad

1

2, 3

1 "Excelencia tropical"
2, 3 El exterior: una naturaleza potemkin
4, 5 El interior: un edén comercial, Raffles City, 1993

que sobrevive, la única cosa que hace que Singapur sea tropical, todavía. Con el interior transformado en un edén comercial, el exterior se convierte en una naturaleza potemkin: una plantación de emblemas tropicales, palmeras y arbustos, que la propia tropicalidad del clima vuelve ornamentales.

Lo "tropical" de la "excelencia tropical" es una trampa, un callejón sin salida conceptual donde lo metafórico y lo literal batallan entre sí hasta quedar en tablas: aunque toda la arquitectura de Singapur busca huir del calor, en conjunto se supone que es su apoteosis.

La única autenticidad tropical que queda es una especie de decadencia acelerada, una podredumbre que recuerda a Joseph Conrad: es la resistencia a *esa* tropicalidad lo que explica el nerviosismo de Singapur. "Se trata de un profundo temor primigenio a ser engullidos por la jungla, un destino que sólo puede evitarse siendo cada vez más perfectos, cada vez más disciplinados, siempre los mejores".[61]

5

Por último, en un paso que va más allá del alcance de la ironía, la isla se está pertrechando de una playa perimétrica. "En el año *x,* gracias a los terrenos ganados al mar y a la reurbanización, la cantidad de costa accesible casi se ha duplicado, mientras que las zonas inaccesibles se han reducido en la misma medida. Así tenemos muchas oportunidades para crear playas, paseos marítimos, puertos deportivos, centros de vacaciones, etc.".

Singapur se convierte entonces en un idilio deseado: "Como en Mayo del 68", me susurra Liu Thai Ker, el antiguo urbanista jefe. Es una revisión sutil. No "bajo el asfalto, la playa", sino "tras el asfalto, la playa".

2

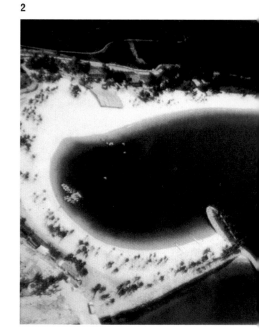

1

Epílogo: metástasis

Tal como está, el modelo de Singapur —suma, como hemos visto,
una serie de transubstanciaciones sistemáticas que hacen de
la ciudad, efectivamente, una de las situaciones urbanas más
ideológicas de todas— está preparado ahora para extenderse
por metástasis por toda Asia. El brillo de su organización, el
glamour de su próspero desarraigo, el éxito de su transformación humana, el blanqueado de su pasado y su manipulación de
las culturas vernáculas constituyen un modelo irresistible para
quienes afrontan la tarea de imaginar —y construir— nuevas
situaciones urbanas para innumerables millones de personas.
Cada vez más, Singapur pretende ser un laboratorio para China,
un papel que podría mejorar su actual displicencia.

Las magnitudes resultan sombrías: "El 80 % de la población
de China todavía es rural"; afirma Liu Thai Ker, antiguo respon-
sable de la URA, ahora en el sector privado. "El mero traslado
a la ciudad de una cuarta parte de ellos a lo largo de los próximos veinte años —una cifra inverosímilmente baja— implicaría
duplicar todo su tejido urbano".

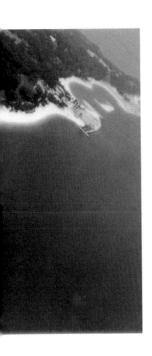

1 Entrevista con Liu Thai Ker
2 "Tras el asfalto, la playa": un paso
más allá de la ironía...

Es improbable que el modelo deconstructivista, o cualquier otra de las respetables propuestas contemporáneas (¿qué son, en todo caso?) provoque una gran atracción en estas circunstancias. Singapur representa la dosis exacta de "autoridad, instrumentalidad y visión" necesaria para resultar atractiva. En numerosos estudios de arquitectura de Singapur, cuyos nombres pocos de nosotros hemos oído alguna vez, se está preparando el futuro de China. En esas incontables ciudades nuevas, los rascacielos son el único tipo de edificio que sobrevive. Tras la iconoclasia del comunismo, habrá un segundo ludismo, más eficaz, que empujará a China hacia la "tierra deseada": la economía de mercado, pero sin la decadencia, la democracia, el desbarajuste, el desorden y la crueldad de Occidente.

Irradiando hacia fuera desde Singapur, un epicentro asimétrico, habrá nuevos *singapures* por todo el continente. Su modelo será el sello de la modernización de China.

Dos mil millones de personas no pueden estar equivocadas.

Salida

Mantra de Singapur: no olvides confirmar tu vuelo de vuelta.

Notas

El autor quiere expresar su agradeci-
miento a William S. W. Lim, Tay Kheng
Soon, Chua Beng Huat y Liu Thai Ker
por aportar su tiempo y sus reflexiones; no obstante, las ideas y las opi-
niones expuestas en este texto son las
del autor.

1. AA VV, *The great leap forward,* Taschen/
   Harvard Design School, Colonia/
   Cambridge (Mass.), 2001 [N. del Ed.].
2. AA VV, *The Harvard Design School
   guide to shopping,* Taschen/Harvard
   Design School, Colonia/Cambridge
   (Mass.), 2001 [N. del Ed.].
3. Ambos artículos han sido publicados
   en forma de libro en la colección
   GGmínima de esta editorial. Koolhaas,
   Rem, "The generic city," en Koolhaas,
   Rem y Mau, Bruce, *S, M, L, XL,* The
   Monacelli Press, Nueva York, 1995,
   págs. 1238-1264 (versión castellana:
   La ciudad genérica, Editorial Gustavo
   Gili, Barcelona, 2006) y, "Junkspace",
   en *October,* 100 (*Obsolescence.
   A special issue*), junio de 2002,
   págs. 175-190 (versión castellana:
   Espacio basura, Editorial Gustavo Gili,
   Barcelona, 2007) [N. del Ed.].
4. Gibson, William, "Disneyland with the
   death penalty", en *Wired,* septiembre/
   octubre de 1993.
5. Deyan Sudjic, "Virtual city",
   en *Blueprint,* febrero de 1994.
6. Eslogan oficial.
7. Lee Kuan Yew.
8. Lim, Chee Then, "The Confucian
   tradition and its future in Singapore:
   Historical, cultural, and educational
   perspectives", en Yong, Mun Cheong
   (ed.), *Asian traditions and
   modernization: Perspectives from
   Singapur,* Times Academic Press,
   Singapur, 1992, pág. 214.
9. Nixon, Richard, *Leaders,* Warner
   Books, Nueva York, 1982, pág. 311
   (versión castellana: *Líderes,* Planeta,
   Barcelona, 1983).
10. Jean-Louis Margolin [1989] citado
    en De Koninck, Rodolphe, *Singapour:
    un atlas de la révolution du territoire/
    Singapore: An atlas of the revolution of
    territory,* Groupement d'Intérêt Public
    Reclus, Montpellier, 1992, pág. 25.
11. Beng Huat, Chua, "Not depoliticized
    but ideologically successful: The
    public housing programme in
    Singapore", en *International Journal of
    Urban and Regional Research,* 15, n. 1,
    1991, pág. 27.
12. Kahn, Herman, *The next 200 years:
    A scenario for America and the world,*
    Morrow, Nueva York, 1976 (versión
    castellana: *Los próximos 200 años,*
    Emecé, Buenos Aires, 1979) [N. del Ed.].
13. Toffler, Alvin, *Future shock,* Random
    House, Nueva York, 1970 (versión
    castellana: *El "shock" del futuro,* Plaza
    y Janés, Barcelona, 1995) [N. del Ed.].
14. En el momento de escribir este texto,
    en 1995, Singapur se prepara para
    superar a Róterdam como mayor puerto
    del mundo; ya es el más eficiente.
15. *First decade in public housing,* Housing
    and Development Board, Singapur,
    1969, pág. 18.
16. Wong, Aline K. y Yeh, Stephen H. K.
    (eds.), *Housing a nation: 25 years of
    public housing in Singapore,* Maruzen
    Asia/Housing and Development
    Board, Singapur, 1985.
17. *First decade in public housing, op. cit.,*
    pág. 26.

18. Wong, Aline K. y Yeh, Stephen H. K. (eds.), *op. cit.,* pág. 95.

19. Abrams, Charles; Kobe, Susumu y Koenigsberger, Otto, "Growth and urban renewal in Singapore", informe para la ONU, 1963, págs. 7 y 109.

20. Ibíd., págs. 121-122 (cursiva del autor).

21. Ibíd., págs. 9-10 (cursiva del autor). En 1994 Singapur contaba con 2,7 millones de habitantes.

22. Ibíd., págs. 10-11, 45 (cursiva del autor). En el apartado "La silenciosa asunción del urbanismo británico", el tono es sorprendentemente anticolonial, anti-inglés.

23. Nombre político con ecos del Partido de Acción Popular.

24. Abrams, Charles; Kobe, Susumu y Koenigsberger, Otto, *op. cit.,* págs. 59, 16, 12 y 61.

25. Como se indica en "Growth and urban renewal in Singapore", la expresión "ciudad anillo" fue acuñada por el profesor Jacobus P. Thijsse en su escrito "Metropolitan planning in the Netherlands" (Conurbation Holland, ONU, 1959). En Holanda, a esa "extensión central de campo abierto" se le llama el "corazón verde". Véase Abrams, Charles; Kobe, Susumu y Koenigsberger, Otto, *op. cit.,* pág. 63.

26. Beng Huat, Chua, *op. cit.,* pág. 29.

27. De Koninck, Rodolphe, *op. cit.,* págs. 84 y 37.

28. "A principios de la década de 1960, el distrito de Jurong aún estaba cubierto de colinas [...] de entre 30 y 40 m de altura. [...] A comienzos de la década de 1980, casi todas las colinas han sido explanadas". Ibíd., pág. 44.

29. Ibíd., pág. 88.

30. Organización Mundial de la Salud, en Canty, Donald, "Architecture and the urban emergency", en *Architectural Forum,* agosto-septiembre de 1964, pág. 173.

31. Presidente de Estados Unidos Lyndon Johnson, en Ibíd.

32. Maki, Fumihiko, *Investigations in collective form,* Washington University School of Architecture, St. Louis, 1964, pág. 34.

33. Beng Huat, Chua, *op. cit.,* pág. 26.

34. Confucio, *Analectas,* VIII/9.

35. Beng Huat, Chua, *op. cit.,* págs. 35-36.

36. Confucio, *op. cit.,* VI/30.

37. Barthes, Roland, *Système de la mode,* Éditions de Seuil, París, 1967 (versión castellana: *El sistema de la moda,* Editorial Gustavo Gili, Barcelona, 1978) [N. del Ed.].

38. Barthes, Roland, *L'empire des signes,* Art Albert Skira, Ginebra, 1970 (versión castellana: *El imperio de los signos,* Seix Barral, Barcelona, 2007) [N. del Ed.].

39. Lee Kuan Yew, citado en Buruma, Ian, "Singapore", en *New York Times Magazine,* 12 de junio de 1988, pág. 58.

40. "Muchos libros de texto tradicionales escritos en chino ya no pueden utilizarse debido al bajo nivel de conocimientos de esa lengua que tienen los estudiantes." Lim, Chee Then, *op. cit.,* pág. 215.

41. Maki, Fumihiko, *op. cit.,* pág. 34.

42. Alexander, Christopher, "A city is not a tree", en *Architectural Forum,* abril de 1965.

43. En la introducción al libro de Christopher Alexander *Notes on the synthesis of form* (Harvard University Press, Cambridge [Mass.], 1970; versión castellana: *Ensayo sobre la síntesis de la forma,* Infinito, Buenos Aires, 19764), Peter Blake escribe que

el autor "pasó varios meses en la India planificando el desarrollo de una pequeña aldea, que ahora reconoce que organizó como un árbol".

44. Maki, Fumihiko, *op. cit.,* págs. 3, 34, 4, 5, 6 y 8-11(cursiva del autor).

45. Maki, Fumihiko, "The theory of group form", en *Japan Architect,* febrero de 1970, págs. 39-40.

46. Maki, Fumihiko, *Investigations in collective form, op. cit.,* págs. 11 y 27-35.

47. Maki, Fumihiko, "The theory of group form", *op. cit.,* pág. 40.

48. Maki, Fumihiko, *Investigations in collective form, op. cit.,* págs. 82, 84, 85, 23 y 21.

49. *SPUR 65-67,* págs. 1-2, 29, 34, 38 y 52.

50. "The future of Asian cities", en *Asia Magazine,* mayo de 1966, págs. 5, 7 y 8.

51. Lee Kuan Yew, conferencia, en *SPUR 65-67,* pág. 58.

52. Beng Huat, Chua, *op. cit.,* pág. 30.

53. Desde entonces la distancia a la costa ha aumentado, debido a otros terrenos ganados al mar.

54. Lim, William, *Cities for people,* Select Books, Singapur, 1990, pág. 8.

55. Urban Redevelopment Authority, *Chronicle of sale sites,* Singapur, 1967, pág. 25.

56. Ibíd., pág. 30.

57. *Singapore: The next lap,* Times International Press, Singapur, 1991, pág. 101.

58. Ibíd., pág. 3.

59. Urban Redevelopment Authority, *Living the next lap: Towards a tropical city of excellence,* Singapur, 1991.

60 Sing Keng, Lee y Sian Eng, Chua, *More than a garden city,* Parks and Recreation Department, Singapur, 1992, pág. 8.

61. Buruma, Ian, *op. cit.* En algunos casos, debido a la omnipresencia de las condiciones del interior, se produce un intenso momento de inversión: es como si el exterior fuese la situación insólita, vista a través de una luna de vidrio, como en un escaparate.

Este libro está compuesto en
Monotype Grotesque.

La tripa está impresa en papel Magno
Satin de 135 g/m^2 y la cubierta en
cartoncillo dorso madera de 300 g/m^2.